날마다 ― 집밥

일러두기

- 이 책의 재료 계량은 1큰술=15ml, 1작은술=5ml, 1컵=200ml를 기준으로 합니다.

- 재료 계량에서 1½과 같은 대분수는 정수와 분수를 나누어 1, 1/2로 표기하였습니다.

- Part 01. 평일, 언제나 손쉽게 집밥 편에서는 저녁, 아침, 점심 순서로 하루 세 끼 레시피를 소개합니다. 저녁은 Ⓓ, 아침은 Ⓑ, 점심은 Ⓛ로 표기하였습니다.

- Part 01. 평일, 언제나 손쉽게 집밥 편에서는 저녁으로 만든 요리나 저녁 요리 재료를 활용해 다음 날 아침, 점심을 간단하게 만들 수 있습니다. 저녁 요리는 활용해 만들 요리의 재료 분량까지 포함하고 있으므로 이 점을 유의해 주세요.

날마다 집밥

문인영 지음

○
하루 30분 손쉽게,
당신의 지친
몸과 마음을 달래 줄
요리 레시피
101

마음

● Prologue

　　직업이 푸드스타일리스트이다 보니 일을 하면서 "집에서도 이렇게 드세요?"라는 질문을 가장 많이 받습니다. 몇 년 전까지만 해도 저는 매일 정신없이 출근하느라 아침은 챙겨 먹지 못하고, 점심은 자주 가는 식당에서 때우기 일쑤였어요. 야근이 잦아서 저녁은 대충 사서 먹거나 밖에서 먹고 들어가는 날이 많았죠.

　　하지만 사 먹는 음식의 편리함을 좇으면서도 언제나 마음 한편으로는 따뜻한 집밥이 먹고 싶었습니다. 집에서 밥을 해 먹지 않으면 쉴 수 있는 시간도 그만큼 늘고 몸도 편해질 거라고 생각했지만, 아니었어요. 오히려 피로는 제대로 풀리지 않은 채 쌓여 가고, 에너지가 충분히 채워지지 않아 제 몸 어디에도 살아가는 데 필요한 활력이나 긍정적인 요소를 찾을 수 없었습니다.

　　어느 날부터 저는 주말 약속을 잡기보다 집에서 혼자 밥을 해 먹기 시작했어요. 시작은 제 마음에 쏙 드는 미니 돌솥과 A4 종이보다 작은 크기의, 이것저것 모두 담을 수 있는 그릇 하나를 집에 들이고부터였습니다. 밥이 압력솥이나 냄비에 지은 것보다 더 고슬고슬하고, 돌솥 바닥에 눌은 밥을 누룽지로 먹는 재미가 좋았거든요.

　　무조건 요리를 해 먹거나 세 끼 모두 챙겨 먹으려는 욕심은 버렸습니다. 지치지 않고, 꾸준히, 부담 없이 먹는 것이 중요했으니까요. 가끔은 한 번에 많은 양의 밥을 지어 놓고 소분해 냉동실에 넣어 두었어요. 곁들여 먹을 반찬도 냉장고에 오래 두고 먹을 수 있는 것을 만들거나 사서 먹었어요. 조금 수고스러운 듯싶어도 하루 15~20분이면 저만을 위한 한 끼를 차리고 먹을 수 있었죠. 그 시간은 지친 몸과 마음을 위로하고, 딱 적당한 만큼의 온기를 채우기에 충분했습니다.

소박하고 따뜻한 한 끼를 만드는 일은 어렵지 않습니다. 이 책에는 제가 직접 해 온, 부담 없이 손쉽게 만들 수 있는 집밥 레시피를 모았습니다. 평일에는 저녁으로 만든 요리를 응용하거나 저녁에 사용한 재료를 활용해 다음 날 아침, 점심까지 간단하게 만들 수 있도록 메뉴를 구성했어요. 구매한 식재료를 효율적으로 사용할 수 있어 만드는 시간과 비용을 절약하고, 다양한 조리법으로 색다른 요리를 맛볼 수 있답니다. 주말을 위한 특별하고 맛있는 요리, 소소한 홈파티와 혼술을 위한 요리, 시켜 먹고 남은 음식을 활용해 만드는 요리도 있어요. 모두 요리 초보라도 하루 30분이면 뚝딱 만들 수 있는 요리입니다. 이 책을 시작으로 집밥이 주는 소소한 행복과 지친 자신을 위하는 시간을 누리길 바랍니다.

문인영

Contents / 1

Prologue 4
어떻게 하면 쉽고 편하게 요리할 수 있을까? 10

Part 01.
평일, 언제나 손쉽게 집밥

1Day
저녁. 명란달걀말이×들기름볶음김치 28
아침. 아보카도달걀스크램블토스트 30
점심. 아보카도명란덮밥 32

2Day
라구 만들기 36
저녁. 라구파스타×겉절이식 샐러드 38
아침. 라구토스트 40
점심. 라구소스덮밥 42

3Day
저녁. 소고기채소구이×참나물샐러드 46
아침. 오픈토스트 48
점심. 채소구이토마토라자냐 50

4Day
저녁. 뿌리채소어묵조림×두부구이 54
아침. 두부수프 56
점심. 어묵볶음우동 58

5Day
저녁. 닭다리살구이대파구이 62
아침. 명란마요주먹밥 64
점심. 닭다리살달걀덮밥 66

6Day
저녁. 토마토달걀볶음×부추겉절이 70
아침. 토마토달걀부추탕 72
점심. 토마토보코치니샐러드 74

Everyday House Meal

7 Day

바지락육수 만들기	78
저녁. 두반장가지볶음×바지락감잣국	80
아침. 클램차우더	82
점심. 가지볶음덮밥	84

8 Day

저녁. 안초비파스타×부라타치즈샐러드	88
아침. 안초비스프레드토스트	90
점심. 부라타치아바타그릴샌드위치	92

9 Day

저녁. 낙지불고기×미역국	96
아침. 그래놀라	98
점심. 불고기쌈	100

10 Day

카레 만들기	104
저녁. 카레라면×중국식오이피클	106
아침. 오이샌드위치	108
점심. 고기완자카레덮밥	110

11 Day

저녁. 곡물사과샐러드×감자납작허브구이	114
아침. 브리치즈사과샌드위치	116
점심. 곡물샐러드면두부파스타	118

12 Day

저녁. 유부팽이솥밥×감자명란볶음	122
아침. 팽이버섯된장국	124
점심. 유부주먹밥	126

13 Day

저녁. 버섯육개장칼국수×애호박채전	130
아침. 버섯크림수프	132
점심. 버섯비빔밥	134

14 Day

저녁. 뿌리채소솥밥×김국	138
아침. 뿌리채소죽	140
점심. 양파절임×김짱아찌	142

Contents / 2

15 Day

바질페스토 만들기	146
저녁. 바질페스토파스타 × 방울양배추샬롯피클	148
아침. 바질페스토토스트	150
점심. 바질페스토크림리소토	152

16 Day

저녁. 대패불고기 × 쑥갓달걀전	156
아침. 쑥갓오믈렛	158
점심. 불고기덮밥	160

17 Day

저녁. 꼬막찜 × 오이나물	164
아침. 후무스채소스틱샐러드	166
점심. 꼬막비빔밥	168

Part 02.
주말, 특별하게 한 그릇 요리

오징어쌈장	172
연어구이	174
샤브샤브	176
오믈렛브런치	178
칠리크랩카레	180
스테이크와 매시트포테이토	182
세이로무시	184
소고기스튜	186
생연어덮밥	188
트러플파스타	190
갈레트	192
곱창전골	194
성게알덮밥	196
프렌치토스트	198
분모자떡볶이	200
우메보시냉우동	202

Part 03.
특별한 날, 맛있게 한잔

라클렛	206
스키야키	208
곤약어묵탕우동	210
곱창볶음	212
메밀국수새우샐러드	214
연어샐러드	216
문어감자구이	218
베이비백립	220
맥앤치즈	222

Part 04.
남은 요리, 더 맛있게

찜닭볶음밥	226
와사비마요치킨덮밥	228
유린기탕수육	230
냉채족발	232
낙지볶음라면	234
보쌈덮밥	236
쌈밥샐러드우동	238
피자라자냐	240

어떻게 하면
쉽고 편하게
요리할 수 있을까?

● **시간을 절약하는
장보기**

퇴근길에 대형 마트, 슈퍼마켓, 재래시장이 있다면 그날그날 필요한 식재료를 신선하고 저렴하게 살 수 있어 좋습니다. 파는 곳에 따라 소량을 구매할 수도 있고요. 하지만 매일 사야 할 식재료들을 고민하고, 사고, 나르고, 다듬는 일은 번거롭고 만만치 않습니다. 간혹 식재료 몇 가지를 사는 데 생각보다 시간이 많이 걸려 비효율적일 때도 있어요.

그래서 요즘은 모바일이나 인터넷에서 식재료를 주문하는 사람들이 많아졌어요. 원하는 시간대에 배송을 받거나 픽업을 할 수 있고, 혹은 전날 저녁에 주문해 다음 날 이른 아침 배송을 받을 수 있는 서비스를 이용하기도 쉬워졌어요. 언제 어디서든 부담 없이 식재료를 구입할 수 있게 되었습니다.

아침에 식재료를 받으면 점심이나 저녁에 요리할 것을 생각하며 재료를 달리 보관할 수 있습니다. 해동해서 요리해야 하는 냉동식품, 신선 제품은 냉장실에 넣어두고 유통 기한이 길고 며칠을 두고 먹어야 하는 냉동식품은 냉동실에 넣어두는 것이죠. 원하는 시간대에 배송을 받으면 냉장고에 넣었다 꺼냈다 할 필요 없이 바로 사용할 수 있어 편리합니다. 식재료를 신선하게 즐길 수 있다는 장점도 있고요.

하지만 바로 조리해야 하는 냉동식품이 있을 때는 해동하는 시간으로 인해 바로 요리하기가 힘들다는 단점이 있습니다. 또, 인터넷 배송의 경우 배송비를 부담해야 하거나 일정 금액 이상 구매해야

하는 경우도 있어요. 그럴 때는 배송 관련 최소 금액을 적게 해주는 곳을 이용하거나 배송비 무료 쿠폰을 이용하는 방법이 있어요. 보통 2~4일치 식료품을 함께 구매하면 배송비가 나오지 않는 선에서 서비스를 이용할 수 있습니다. 유통회사마다 장단점이 있으니 재료와 상황에 따라 자신과 잘 맞는 곳을 선택해 이용하세요.

● **요리 준비는
1, 3, 5일 간격으로**

집에서 매일 요리를 하는 일은 준비를 어떻게 하느냐에 따라 쉬운 일이 되기도, 쉽지 않은 일이 되기도 합니다. 만약 매일 신선한 식재료를 이용해 요리하기 원한다면 1일 간격으로, 하루하루 요리를 하기 번거롭다면 3일 간격으로 주 2~3회, 최대 5일 간격으로 주 1~2회 준비하는 것이 좋습니다.

1일 간격으로 준비

매일 요리를 하기 좋아하는 사람도 저녁을 준비하는 시간과 아침을 준비하는 시간은 다릅니다. 저녁은 새로 장본 식재료를 다듬고, 천천히 요리할 시간이 충분하지만, 아침에는 간단하게 토스트를 하거나 만들어 둔 음식을 데워 먹을 순 있어도 저녁처럼 요리를 하기에는 시간이 빠듯하죠. 도마를 꺼내어 재료를 씻고 다듬는 과정도 시간이 걸리고, 저녁에는 5분 정도면 가능한 일이 아침에는 시간이 더 많이 걸립니다.

하루마다 장을 보고 요리를 준비한다면 메뉴 구성과 준비는 아침-점심-저녁보다 저녁-아침-점심 순서로 준비하세요. 또, 세 끼 식단의 메인 식재료를 통일하면 전날 저녁을 준비할 때 아침, 점심 요리도 함께 준비할 수 있습니다. 전날 저녁 다음 날 아침과 점심 재료를 모두 손질하여 익히는 순서에 따라 혹은 먹을 순서에 따라 통에 보관해 두는 것도 좋아요. 그러면 다음 날 최소한의 조리만으로 요리를 완성할 수 있어 여유롭게 아침과 점심을 즐길 수 있습니다.

3일 간격으로 준비

3일마다 장을 보고 요리를 준비한다면, 먼저 장본 식재료를 냉장고에 잘 넣어 두는 것이 중요합니다. 냉장실 내 위치에 따라 온도가 조금씩 다르기 때문에 당장 요리할 식재료는 앞쪽에 두고, 신선하게 보관해야 하는 식재료는 키친타월로 한 번 감싸 수분이 생기는 것을 방지한 다음 뒤쪽에 두는 것이 좋아요.

한 번에 먹지 못하는 잎채소류는 반드시 씻은 다음 수분을 털어 내고 키친타월에 감싸서 비닐에 넣어 보관하세요. 꺼내어 먹을 때까지 신선함이 살아 있고 바로 사서 먹을 때보다 씹는 맛이 좋습니다. 자르고 남은 식재료는 따로 보관해서 굴러다니게 하는 것보다 하나씩 랩으로 싸서 한 통에 모아 두면 꺼내기 쉽고, 잘 마르지 않고, 못 쓰고 버리게 되는 경우도 줄어들어요.

냉동식품도 당장 먹기 위한 것은 바로 해동, 내일 먹을 것은 냉장실에 넣어서 해동, 그리고 두고 먹을 것은 냉동실에 넣어 주세요. 특히 냉동식품 중 일부는 녹아서 서로 들러붙으면 다음에 먹고 싶은 분량만큼 꺼내기 힘들어질 수 있으니 서둘러 넣어 두는 것이 좋습니다. 3일까지 보관하기 힘든 해산물류는 미리 손질해서 1~2일치는 냉장실에, 3일치는 냉동실에 보관해 주세요.

5일 간격으로 준비

5일 간격으로 준비할 때는 일주일가량 쉽고 편하게 요리를 할 수 있다는 장점이 있지만 그만큼 한 번에 장보거나 다듬어야 할 식재료 양이 많아집니다. 또, 식재료에 따라 보관이 어려운 것도 있어요. 예를 들어 샐러드에 필요한 생채소, 냉동하면 식감이 떨어지는 채소를 볶은 요리, 나물 요리 등은 오래 보관할수록 신선도가 떨어지거나 쉽게 상해 먹지 못하게 될 수도 있습니다. 되도록 냉동 보관이 가능한 식재료 위주의 요리를 해야 하는 번거로움이 있을 수 있어요.

5일마다 장을 보고 요리를 준비한다면 메뉴는 절임이나 카레처럼 시간이 지날수록 맛이 배어 더 맛있어지는 저장식 요리들이 유용합니다. 익혀서 시간을 두고 먹을 수 있는 식재료는 미리 조리해 두세요. 냉동 보관하는 식재료는 모양을 최대한 납작하게 만들어 냉동하면 해동하는 시간이 줄어들거나 혹은 해동하지 않고도 바로 조리할 수 있습니다.

한 번에 많은 양의 밥을 할 경우 당일 먹을 양을 제외하고 남은 밥은 1인분씩 용기에 담아 보관해 주세요. 1~2일 안에 먹을 것은 냉장실에, 3일 이후에 먹을 것은 냉동실에 보관해 주세요. 혹시라도 밥을 해동할 전자레인지가 없다면 팬을 이용해 밥을 데울 수 있습니다. 단, 보관 시 모양을 최대한 납작하게 만들어 두어야 밥이 타지 않고 갓 지은 밥처럼 데워집니다.

팬에서 밥 해동하기

달군 팬에 밥을 넣고 물을 2큰술 정도 넣는다. 뚜껑을 덮은 다음 밥이 타지 않도록 중약불에서 5~10분간 데운다.

● **요리에 맛을 더하려면**

육수 내는 법

물이 들어간 요리는 재료가 충분하지 않으면 깊은 맛을 내기 어려워요. 그럴 때는 육수로 기본 맛을 채워주는 것이 중요합니다. 직접 육수를 만들기 어려울 때는 다양한 브랜드에서 나오는 육수 티백을 이용하세요. 별도로 재료를 준비하지 않아도 금방 육수를 낼 수 있고, 멸치, 새우, 게, 가쓰오부시 등 종류도 다양해 취향에 따라 맛을 고를 수 있어요.

다시마육수	물 3컵+다시마 1조각(10×10cm)
	물과 다시마 한 조각을 냄비에 넣고 센불에서 끓이다가 물이 끓어오르면 불을 끄고 30분간 둔 다음 체로 걸러 낸다.

멸치다시마육수	물 3컵+멸치 10마리+다시마 1조각(10×10cm)
	물, 멸치, 다시마를 냄비에 넣고 센불에서 끓이다가 물이 끓어오르면 불을 약불로 줄이고 15분간 끓인 다음 체로 걸러 낸다. 멸치는 볶은 멸치를 사용하면 구수한 맛이 더 살아난다.
가쓰오부시육수	멸치다시마육수 3컵+가쓰오부시 1/2컵
	멸치다시마육수를 냄비에 넣고 센불에서 끓이다가 끓어오르면 불을 끄고 가쓰오부시를 넣어 5분간 둔 다음 체로 걸러 낸다.

볶는 법

채소는 소금, 후춧가루를 넣어 볶기만 해도 재료 본연의 육수가 배어나 아주 맛있습니다. 하지만 맛이 없다면 채소를 너무 익혔거나 혹은 덜 익혔기 때문이에요. 그러면 식감도 충분하지 않고 채소의 단맛도 우러나지 않습니다.

시금치 등의 잎채소를 익힐 때는 센불에서 재빨리 볶아 숨이 충분히 죽기 전 꺼내서 남은 열로 익혀야 먹을 때 식감도 좋습니다. 데칠 때도 마찬가지예요. 이렇게 빨리 빼도 되나 싶을 정도로 숨이 죽으려고 할 때 꺼내 주세요. 콩나물과 숙주도 마찬가지로 비린내가 나지 않을 정도에서 익자마자 빼야 식감이 아삭합니다.

채소가 익었는지 확인하는 가장 쉬운 방법은 겉으로 드러나는 색의 변화를 보는 거예요. 불투명한 채소가 투명해지기 시작하면 익었다는 표시입니다. 가지나 버섯, 호박 등을 굽거나 볶을 때 처음에는 센불에서 겉면만 익힌 다음 색이 변하기 시작하면 불을 줄이고 투명해질 때까지 익혀 주세요. 해산물은 반대로 재료가 불투명해지면 익었다는 표시입니다.

● 한 끼를 먹어도 멋있고 근사하게

우리가 일상에서 하루의 시작을 응원하고, 끝을 달래는 소소한 방법 중 하나는 좋아하는 그릇에 맛있게 담긴 음식을 보고 맛보는 것입니다. 하지만 아무리 손쉬워 보이고 근사해 보이는 플레이팅도 직접 해 보면 생각한 대로 되지 않아 자신의 감각을 탓하곤 하죠. 집에 그릇들이 마땅치 않아서 그런 게 아닐까 생각도 해 봤을 거예요. 하지만 원하는 만큼 예쁜 그릇들을 가지고 있다고 해도, 잘 고른 그릇 한 세트보다 유용하지 않습니다. 요리와 스타일링을 하는 저 역시 일상에서 요리하고 차릴 때는 밥, 국, 반찬을 각각 담을 수 있는 그릇 세트 하나만을 주로 사용하고 있어요. 정말 요긴한 그릇 세트 하나만 있으면 플레이팅의 어려움도 해결하고, 무슨 요리를 담든 색다른 분위기를 연출할 수 있습니다.

좋아하는 색상의 그릇 모으기 혹은 무늬나 모양이 다른 그릇 섞기

동일한 색상의 그릇 세트는 기본 중의 기본이에요. 색상이 같은 그릇은 음식 자체를 돋보이게 하고, 색상의 통일성이 요리의 만듦새나 플레이팅의 단점을 보완하며 요리에 깔끔한 인상을 더해 줍니다. 다채로운 변화를 주기는 아직 어렵지만 스타일링에 소소한 재미를 주고 싶다면 무늬가 있거나 모양이 다른 그릇을 하나 섞어 포인트를 주는 것도 좋습니다.

같은 브랜드에서 나온 그릇 세트 활용하기

브랜드에서 동일한 콘셉트의 그릇 세트를 색상만 달리 해 여러 버전으로 구성해 판매하는 경우가 있습니다. 그럴 때 여러 색상을 섞어 한 세트를 구성하는 것도 좋아요. 색상이 달라도 톤이 같기 때문에 안정적으로 조화를 이루며 꾸민 듯 안 꾸민 듯한 자연스러운 스타일링이 완성됩니다.

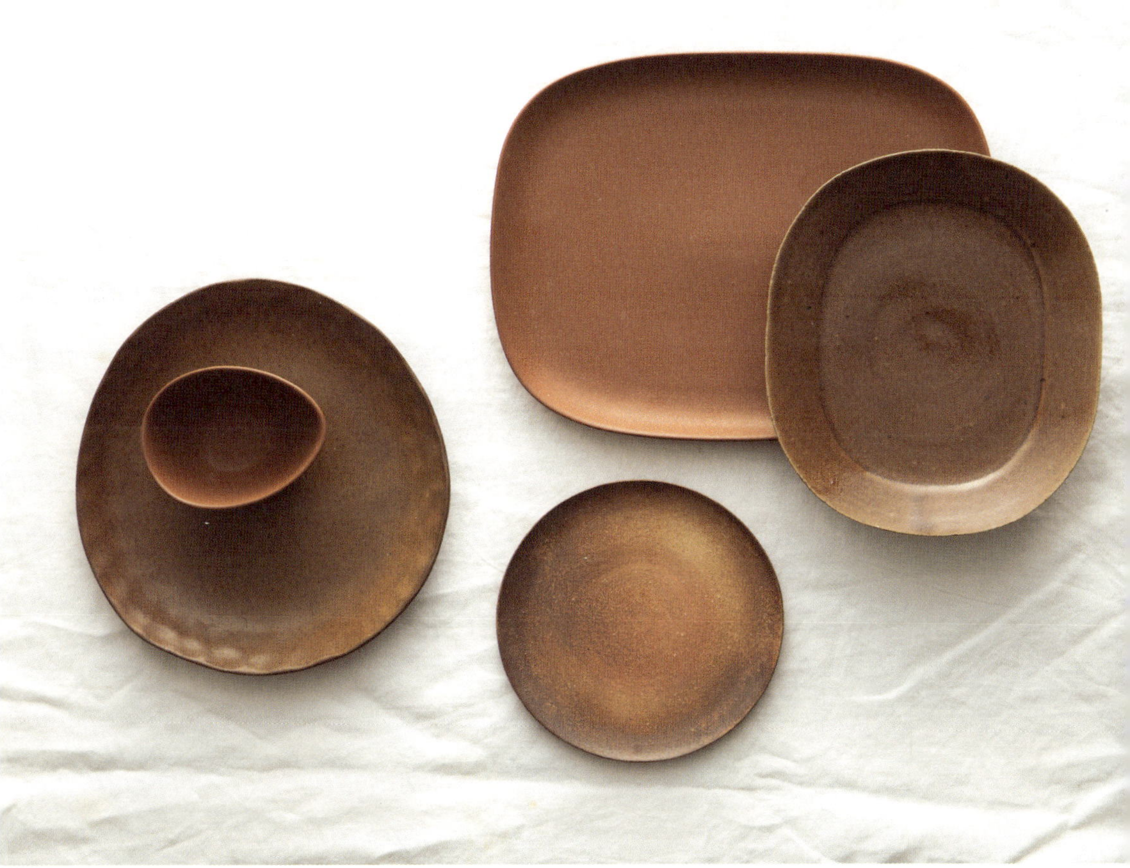

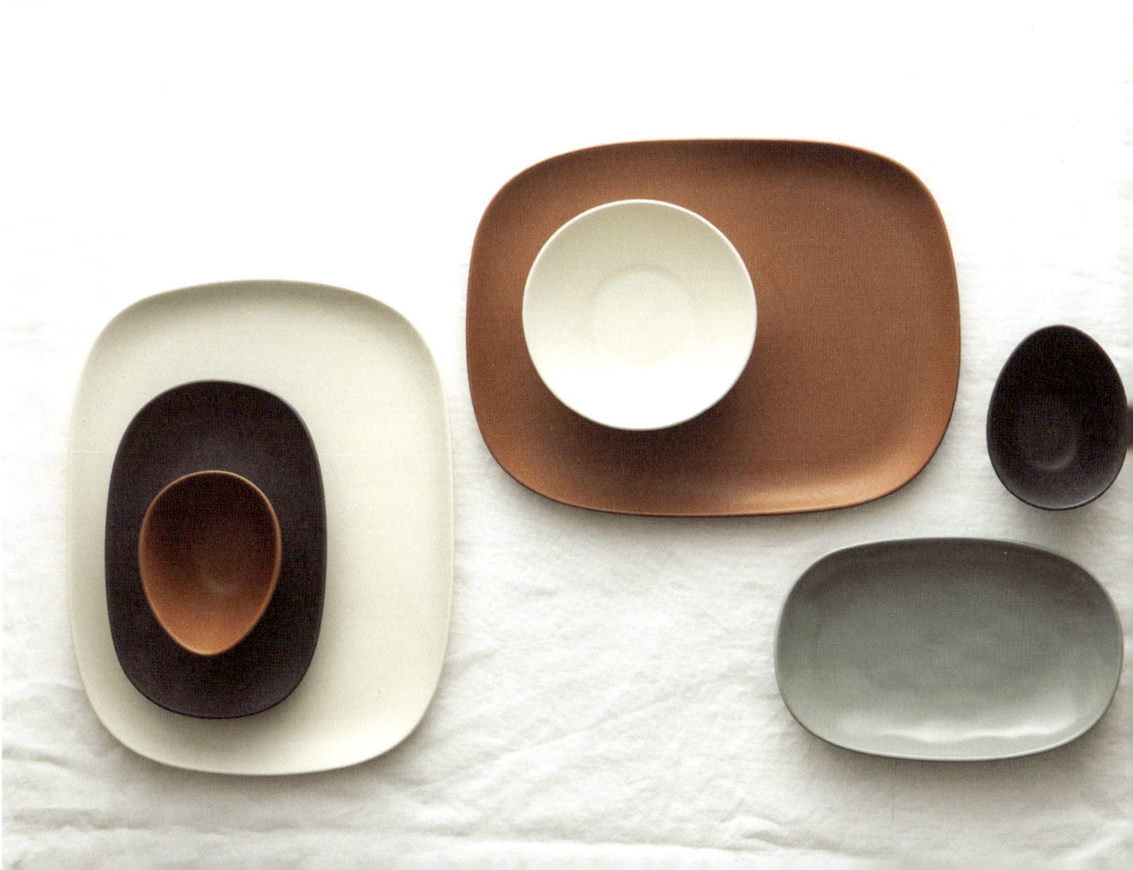

● **집에 있으면
좋은 도구**

스테인리스 볼과 체

재료를 씻을 때, 버무릴 때, 재울 때 등 다양하게 사용할 수 있어요. 체는 재료의 물기를 뺄 때 특히 필요합니다. 여러 사이즈를 구비할 수 없다면 너무 작거나 크지 않은 중간 크기 하나만 있어도 좋습니다.

스테인리스 바트와 집게

넓적한 스테인리스 바트는 손질한 재료를 한곳에 가지런히 정리해 놓기 좋아요. 트레이처럼 굽거나 튀긴 재료를 놓을 때 사용할 수 있습니다. 뜨거운 재료를 집어야 할 때는 젓가락보다 집게를 사용해 주세요. 젓가락보다 잡는 힘이 강해 떨어트릴 위험이 적습니다.

국자

국자는 스테인리스 소재에, 손잡이 부분에 고리가 있는 제품을 추천해요. 요리 중에 잠시 냄비나 팬에 걸쳐 둘 때도 탈 위험이 없고(불이 세거나 장시간 둘 경우 뜨거울 수 있으니 주의), 사용하고 난 다음에는 걸어 둘 수 있어 편리합니다.

큰 나무 스푼과 주걱

나무로 된 조리 도구는 스테인리스, 법랑, 주물 소재에 상관없이 사용할 수 있습니다. 특히 재료를 볶을 때 냄비나 팬과 마찰이 많이 생기는데 나무 소재는 상처를 내지 않아 좋아요. 사용하고 난 다음에는 깨끗이 씻어 바싹 말려 주세요.

넓은 뒤집개

생선이나 부침개 등을 뒤집을 때 편리하고 토스트와 같이 넓적한 음식을 한 번에 옮길 수 있어요.

과도와 식도

단단한 재료와 큰 크기의 재료를 다듬을 때는 식도를, 부드러운 재료와 작은 크기의 재료를 다듬을 때는 과도를 사용합니다.

치즈 그레이터

치즈는 가루보다 덩어리로 된 것을 갈아서 쓰면 맛이 더 풍부해지고, 음식 모양도 살아납니다.

달걀말이팬

달걀말이는 큰 팬을 이용하면 도톰하게 나오지 않아 푹신한 맛이 없어요. 달걀말이팬을 이용하면 적은 양으로도 달걀말이를 만들 수 있습니다.

프라이팬

프라이팬은 도마와 마찬가지로 크기가 큰 것, 작은 것 두 개를 준비해 요리 양에 따라 구분해 사용해 주세요.

작은 편수 냄비

라면 하나 정도를 끓일 수 있는 크기의 냄비는 재료를 간단하게 데칠 때 사용해도 좋고, 1인분의 수프, 국 등을 끓일 때 편리합니다.

큰 냄비

1인 혹은 2인 가구여도 면을 삶을 때, 육수를 만들 때는 큰 크기의 냄비가 필요해요. 뚜껑이 있는 양수 냄비를 갖춰 두면 굽고 찌는 요리를 할 때 그 뚜껑을 프라이팬 대신 활용할 수도 있습니다.

돌솥

작은 사이즈의 돌솥은 한 번에 1~2인분의 밥을 할 수 있어요. 생각보다 사용법도 간단하고, 압력솥이나 냄비보다 더 고슬고슬한 밥을 먹을 수 있습니다.

Part 01.

평일,
언제나
손쉽게
집밥

/ 1 Day

달걀말이는 센불에서 익히면 겉면이 단단해져요. 식감이 부드러워지도록 약불에서 타지 않게 익혀 주세요. 명란의 짭조름한 맛이 더해져 따로 간을 하지 않아도 맛있습니다.

명란달갈말이 × 들기름 볶음김치

ingredient

달갈 2개
실파 1대
기름 약간
명란 1개

1. 달갈은 곱게 풀어 달갈물을 만들고, 실파는 송송 썬다.
2. 달갈물과 실파를 섞은 다음 기름을 두른 팬에 붓고, 달갈물이 얇게 한 층 익으면 명란을 올리고 돌돌 만다.

ingredient

포기김치 1/8포기
들기름 1큰술
설탕 1/2큰술
통깨 1/2큰술

1. 양념을 걷어 낸 포기김치는 송송 썰어 물에 헹구고 물기를 짠 다음 들기름, 설탕에 버무린다.
2. 달군 팬에 **1**을 넣어 볶다가 마지막에 통깨를 뿌린다.

스크램블은 무엇보다 불 조절이 중요해요. 중불에서 달걀물 밑면이 익기 시작하면 불을 약불로 줄이고, 재빨리 저어 가면서 익혀 주세요. 간격을 두면서 저어야 스크램블이 자잘해지지 않고 적당한 크기로 뭉칩니다.

아보카도 달걀스크램블 토스트

ingredient

아보카도 1/8개
양파 1/4개
달걀 1개
우유 2큰술
크러시드 레드페퍼 약간
소금 약간
후춧가루 약간
기름 약간
식빵 1장
마요네즈 약간

recipe

1. 아보카도는 2×2cm 크기로 썰고, 양파는 굵게 썬다.
2. 달걀을 곱게 풀어 **1**의 양파, 우유, 크러시드 레드페퍼, 소금, 후춧가루를 넣어 골고루 섞는다.
3. 기름을 두른 팬에 **2**를 붓고 저어 가며 스크램블을 만든다.
4. 식빵을 오븐에 구운 다음 한쪽 면에 마요네즈를 바르고 **3**의 스크램블과 **1**의 아보카도를 올린다.

아보카도는 어떻게 자르느냐에 따라 다양한 매력을 주는 재료예요. 덮밥용 아보카도는 취향에 따라 깍둑 썰거나 슬라이스를 합니다. 손질한 아보카도를 일주일 이상 보관해야 한다면 밀폐용기에 담아 냉동실에 넣어 두세요.

아보카도 명란덮밥

ingredient

아보카도 1/2개
간장 2큰술
설탕 1작은술
기름 약간
명란 1개
실파 약간
김 1장
밥 1공기
참기름 약간
통깨 약간

recipe

1. 아보카도를 2X2cm 크기로 썰어 간장, 설탕에 버무린다.
2. 기름을 두른 팬에 명란을 넣고 겉면만 익도록 굽는다.
3. 실파는 송송 썰고, 김은 잘게 자른다.
4. 밥 위에 아보카도, 명란, 실파, 김을 올리고 마지막에 참기름과 통깨를 뿌린다.

/ 2 Day

라구는 토마토 소스와 다진 고기로 만든 소스예요. 오래 끓일수록 토마토 소스의 신맛과 쓴맛이 사라지며 맛있어집니다. 한꺼번에 많은 양을 만들어 두고 먹을 수 있는 저장 음식이에요. 먹기 전 올리브유와 치즈를 함께 곁들여 먹으면 더욱 맛있습니다.

라구 만들기

ingredient

양파 1/2개
버터 3큰술
올리브유 3큰술
다진 마늘 1큰술
다진 소고기 600g
찹드 토마토 2캔
바질 가루 1/2작은술
오레가노 가루 1/2작은술
소금 약간
후춧가루 약간

recipe

1. 양파를 굵게 썬다.
2. 달군 웍에 버터와 올리브유를 넣고 녹인 다음 양파, 다진 마늘을 넣고 중불에서 볶는다.
3. 양파가 투명해지면 다진 소고기를 넣고, 소고기가 모두 익을 때까지 중불에서 볶는다.
4. 3에 찹드 토마토, 바질 가루, 오레가노 가루, 소금, 후룻가루를 넣고 중불에서 10분간 끓이다가 불을 약불로 줄이고 10분간 끓인다.

미리 만들어 둔 라구 소스만 있으면 언제든 맛있는 파스타를 먹을 수 있어요. 흔히 먹는 스파게티 면도 좋지만 때로는 납작한 모양의 링귀네, 숏 파스타 일종인 펜네, 나선형 모양의 푸실리 등 다양한 면을 사용해 보세요. 먹는 재미가 한층 더해집니다.

라구파스타 × 겉절이식 샐러드

ingredient

소금 약간
파스타 1인분
라구 소스 1컵
올리브유 약간
치즈 약간

1. 소금을 넣은 끓는 물에 파스타를 넣고 봉지에 쓰인 시간보다 2분 정도 덜 삶는다.
2. 팬에 **1**의 파스타, 라구 소스를 넣고 골고루 섞으며 3분간 볶은 다음 올리브유와 치즈를 취향에 따라 더한다.

ingredient

로메인레터스 1/4포기
치커리 2장
까나리액젓 1큰술
설탕 1큰술
식초 2큰술
고춧가루 약간
통깨 1작은술

1. 로메인레터스, 치커리는 한입 크기로 썬다.
2. 까나리액젓, 설탕, 식초, 고춧가루를 골고루 섞어 양념장을 만든 다음 **1**과 버무리고 통깨를 뿌린다.

따뜻하게 데운 라구 소스에 체더 치즈가 살짝 녹아 내릴 때 한 입 베어 물면 빵의 바삭함과 체더 치즈의 촉촉함을 동시에 즐길 수 있습니다. 토스트를 더욱 풍성하게 즐기고 싶다면 달걀 프라이, 채소를 추가해 보세요.

라구 토스트

ingredient

식빵 1장
라구 소스 1/2컵
체더 치즈 1장
후춧가루 약간

recipe

1 식빵은 바삭하게 굽고, 라구 소스는 전자레인지에 따뜻하게 데운다.
2 식빵 위에 라구 소스를 바른 다음 체더 치즈를 올린다. 취향에 따라 후춧가루를 더한다.

고기가 들어간 라구 소스는 토마토 소스보다 지방 함유량이 높고, 맛이 깊고 진해요. 밥과 함께 먹을 때는 밥 위에 소스만 얹어 덮밥으로 만들어도 좋고, 소스와 밥을 골고루 섞어 리소토를 만들어도 좋습니다.

라구소스덮밥

ingredient

밥 1공기
라구 소스 1컵
피자치즈 1/2컵
후춧가루 약간

recipe

1   밥 위에 라구 소스와 피자치즈를 올리고 후춧가루를 뿌린다.
2   피자치즈가 완전히 녹을 때까지 전자레인지에서 3~5분간 익힌다.

/ 3 Day

구이 요리는 소금과 후춧가루로 밑간을 해야 재료 본연의 맛을 충분히 살릴 수 있어요. 소고기는 안심, 등심, 채끝 등 어느 부위든 괜찮으니 취향에 따라 골라 주세요. 채소는 조금 도톰하게 썰어야 즙이 충분히 흘러나와 맛있어요.

소고기채소구이 × 참나물샐러드

ingredient

소고기 400g
소금 약간
후춧가루 약간
양파 1/2개
애호박 1/2개
가지 1/2개
올리브유 약간

1. 소고기는 소금, 후춧가루로 밑간하고, 양파는 도톰하게 채 썰고, 애호박과 가지는 반으로 잘라 도톰하게 어슷 썬다.
2. 달군 그릴 팬에 올리브유를 두르고 1의 채소를 넣고 굽다가 채소가 반 정도 익으면 소고기를 넣고 취향에 따라 익힌다.

ingredient

참나물 40g
베이컨 1장
안초비 1개
다진 마늘 1작은술
마요네즈 4큰술
식초 1큰술

1. 참나물은 1cm 길이로 송송 썰고, 베이컨은 바삭하게 구워 부순다.
2. 안초비, 다진 마늘, 마요네즈, 식초를 골고루 섞어 드레싱을 만든 다음 참나물과 섞고 베이컨을 뿌린다.

tip 소고기채소구이는 절반을 덜어 내고 오픈토스트(48쪽 참조), 채소구이토마토라자냐(50쪽 참조)를 만들 때 활용합니다.

전날 구워 둔 채소구이는 요긴하게 쓸 수 있어요. 샐러드를 좋아하는 사람은 시판 소스를 이용해 샐러드로, 채식을 좋아하는 사람은 두부와 함께 덮밥으로, 와인을 즐겨 마시는 사람은 치즈와 함께 구워 술 안주로. 지금은 빵을 좋아하는 사람을 위한 레시피를 소개할게요.

오픈 토스트

ingredient

채소구이 약간
식빵 1장
마요네즈 약간
소금 약간
후춧가루 약간

recipe

1 전날 구워 둔 채소구이를 굵게 썬다.
2 바삭하게 구운 식빵 위에 마요네즈를 바르고 1을 올린 다음 소금, 후춧가루로 간한다.

tip 채소구이는 다시 데워도, 혹은 차갑게 식은 상태 그대로 먹어도 괜찮습니다.

넓은 라자냐 면과 다양한 재료, 소스를 층층이 쌓아 구워 만든 요리예요. 맛있는 라자냐를 만드는 핵심은 완성한 라자냐를 알맞게 굽는 것입니다. 모차렐라 치즈가 갈색으로 변할 때까지 구워 주세요. 해당 레시피 기준 오븐은 185℃에서 약 10분, 전자레인지는 700W에서 약 5분입니다.

채소구이 토마토 라자냐

ingredient

소고기채소구이 약간
생모차렐라 치즈 1개
소금 약간
라자냐 면 3장
토마토 소스 1, 1/2컵

recipe

1 전날 구워 둔 소고기채소구이는 굵게 썰고, 생모차렐라 치즈는 도톰하게 썬다.
2 소금을 넣은 끓는 물에 라자냐 면을 넣고 8~10분간 삶는다.
3 그릇에 라자냐 면을 깔고 소고기채소구이, 토마토 소스, 생모차렐라 치즈를 차례대로 올린다. 이 과정을 3번 반복한 다음 전자레인지에서 5분간 익힌다.

/ 4 Day

뿌리에 영양이 가득 담긴 우엉, 연근은 섬유소가 풍부할 뿐만 아니라 칼로리도 낮은 식재료예요. 어묵과 함께 조림으로 만들면 아삭한 뿌리채소의 식감과 쫄깃한 어묵의 식감을 동시에 즐길 수 있습니다. 간장으로 양념해 남녀노소 누구나 부담 없이 먹을 수 있어요.

뿌리채소 어묵조림 × 두부구이

ingredient

어묵 1봉지(300g)
우엉 20cm
연근 20cm
파 1대
기름 약간
물 1컵
간장 1/4컵
설탕 1/4컵

1 어묵은 먹기 좋은 크기로 썰고, 우엉은 어슷 썰고, 연근은 삼각 모양으로 썬다. 파는 2cm 길이로 썬다.
2 달군 팬에 기름을 두르고 **1**을 넣어 센불에서 볶다가 반 정도 익으면 물, 간장, 설탕을 넣는다. 끓기 시작하면 불을 약불로 줄여 10~15분간 조린다.

ingredient

두부 1/2모
소금 약간
후춧가루 약간
밀가루 1큰술
기름 약간

1 두부는 도톰하게 썰어 물기를 빼고 소금, 후춧가루로 간한다.
2 두부 표면에 밀가루를 묻힌 다음 기름을 두른 팬에 넣어 앞뒤로 노릇하게 굽는다.

tip 뿌리채소어묵조림은 절반을 덜어 내고 어묵볶음우동(58쪽 참조)을 만들 때 활용합니다.

하나를 다 사기에는 양이 너무 많고, 반만 사기에는 가격이 아쉬운 식재료. 두부도 그중 하나일 거예요. 이제 남은 두부는 걱정하지 마세요. 우유, 물 그리고 약간의 소금과 후춧가루만 있으면 간편하게 따뜻한 수프를 만들 수 있으니까요.

두부수프

ingredient

두부 1/2모
우유 1/2컵
물 1/2컵
소금 약간
후춧가루 약간

recipe

1   믹서에 두부, 우유, 물, 소금, 후춧가루를 넣고 간다.
2   냄비에 **1**을 붓고 따뜻해질 때까지 중약불에서 5분간 부드럽게 끓인다.

뭘 먹을지 막막한 날, 냉장고에 만들어 둔 반찬으로 만드는 요리는 어떨까요? 이번에 소개할 레시피는 전날 만든 어묵조림을 활용한 볶음우동이에요. 어묵조림과 굴 소스, 우동 면만으로 간단히 만들어도 좋고, 여러 식재료를 추가해도 좋습니다.

어묵볶음우동

ingredient

우동 면 1개
대파 1/4대
양파 1/4개
당근 1/4개
새우 10마리
올리브유 약간
어묵조림 1컵
굴 소스 1큰술

recipe

1   끓는 물에 우동 면을 넣고 데친 다음 물기를 뺀다.
2   대파는 어슷 썰고, 양파는 채 썰고, 당근은 반으로 잘라 얇게 어슷 썬다. 새우는 해동한다.
3   달군 팬에 올리브유를 두르고 대파, 양파, 당근을 넣어 중불에서 볶는다.
4   채소가 모두 익으면 우동 면, 새우, 어묵조림, 굴 소스를 넣고 센불에서 3분간 볶는다.

/ 5 Day

닭다리살은 직접 뼈를 발라내도 되지만 요즘은 뼈까지 발라진 손질된 것을 쉽게 구입할 수 있어요. 어느 쪽이든 요리하기 수월한 것을 구입해 사용해 주세요. 조리 전 집에 있는 청주나 소주에 가볍게 재워도 좋습니다.

닭다리살 대파구이

ingredient

닭다리살 2개
대파 1대
마늘 4개
올리브유 1큰술
다진 마늘 1작은술
간장 2큰술
설탕 1큰술
후춧가루 약간

recipe

1 닭다리살은 3등분하고, 대파는 4cm 길이로 썰고, 마늘은 반으로 편 썬다.
2 달군 팬에 올리브유를 두르고 닭다리살, 대파, 마늘을 넣고 중불에서 굽는다.
3 재료가 다 익으면 다진 마늘, 간장, 설탕, 후춧가루를 넣고 약불에서 5분간 조리듯 볶는다.

감칠맛이 좋은 명란젓에 고소한 마요네즈를 더한 주먹밥은 인기 요리 중 하나죠. 간편하게 만들어 먹을 수 있어 더더욱 매력 만점입니다. 바쁜 아침, 재료를 손질할 여유가 없다면 속 재료는 미리 만들어 냉장고에 넣어 두세요.

명란마요 주먹밥

ingredient

명란 1개
실파 1/2대
마요네즈 1큰술
와사비 1작은술
통깨 1큰술
밥 1공기
김 1장

recipe

1. 명란은 속살을 긁어내고, 실파는 송송 썬다.
2. 명란, 실파, 마요네즈, 와사비, 통깨를 골고루 섞어 속 재료를 만든다.
3. 밥을 삼각 모양으로 두 덩이를 만든 다음 가운데를 오목하게 만들고 **2**를 넣어 주먹밥을 만든다.
4. 주먹밥 겉면을 김으로 감싼다.

밥 위에 여러 재료를 얹어서 먹는 덮밥은 돈가스, 카레, 장어, 연어, 닭고기 등 밥 위에 올리는 주 재료에 따라 그 맛과 종류가 달라집니다. 덮밥의 달걀물은 퍽퍽하지 않고 반숙처럼 촉촉하게 익히는 것이 중요해요.

닭다리살 달걀덮밥

ingredient

닭다리살 2개
양파 1/2개
대파 1/2대
달걀 2개
기름 약간
물 1컵
간장 2큰술
설탕 1큰술
후춧가루 약간
밥 1공기

recipe

1. 닭다리살은 6등분하고, 양파는 도톰하게 채 썰고, 대파는 송송 썬다. 달걀은 곱게 풀어 달걀물을 만든다.
2. 달군 팬에 기름을 두르고 닭다리살, 양파, 대파를 넣어 센불에서 볶는다.
3. 양파가 투명해지면 물을 붓고 약불에서 10분간 끓인다.
4. 재료가 다 익으면 간장, 설탕, 후춧가루, 달걀물을 넣고 불을 끈 다음 뚜껑을 덮어 달걀이 반숙으로 익을 때까지 뜸을 들인다.

/ 6 Day

밥과 함께 먹어도, 빵에 곁들여 먹어도 좋은 토마토달걀볶음. 달걀을 그냥 먹기 심심할 때 토마토를 비롯해 좋아하는 재료를 한두 가지씩 곁들여 보세요. 제철 식재료를 넣어 자신만의 계절 레시피를 만들어도 좋습니다.

토마토 달걀볶음 × 부추겉절이

ingredient

토마토 1개
양파 1/4개
쪽파 약간
달걀 2개
기름 약간
소금 약간

1 토마토는 한입 크기로 썰고, 양파는 굵게 채 썰고, 쪽파는 송송 썬다. 달걀은 곱게 풀어 달걀물을 만든다.
2 달군 팬에 기름을 두르고 양파를 넣어 센불에서 볶다가 향이 나면 달걀, 토마토를 넣고 중불에서 저어 가며 스크램블을 만든다. 소금으로 간하고 쪽파를 뿌린다.

ingredient

부추 10대
양파 1/4개
고춧가루 1큰술
간장 1/2큰술
설탕 1작은술
식초 1큰술
통깨 1큰술

1 부추는 4cm 길이로 썰고, 양파는 곱게 채 썬다.
2 고춧가루, 간장, 설탕, 식초, 통깨를 섞어 양념장을 만들고 **1**과 버무린다.

중국에서 많이 먹는 부드러운 수프 형태의 탕이에요. 아침에 한 그릇 후루룩 먹기도 좋고, 토마토가 들어가 적당한 포만감도 줍니다. 처음에는 낯설게 느낄 수 있지만 직접 만들어 먹어 보면 의외의 맛 조합에, 조리법도 간단해 자주 해 먹게 될 거예요.

토마토달걀부추탕

ingredient

토마토 1/2개
부추 2대
달걀 1개
멸치육수 2컵
소금 약간
후춧가루 약간

recipe

1. 토마토는 웨지 모양으로 썬 다음 반으로 자르고, 부추는 3cm 길이로 썰고, 달걀은 곱게 풀어 달걀물을 만든다.
2. 냄비에 멸치육수를 붓고 센불에서 끓이다가 육수가 끓기 시작하면 토마토, 부추를 넣어 2분간 끓인다. 달걀물을 원을 그리면서 붓고 소금과 후춧가루로 간한다.

tip 센불에서 달걀물을 동그랗게 원을 그리면서 부으면 달걀이 육수에 들어가자마자 바로 익어 풀어지지 않습니다.

모차렐라 치즈는 다양한 이름을 가지고 있어요. 그중 둥글둥글 한입 크기로 만들어진 모차렐라 치즈를 '보코치니'라고 합니다. 치즈와 환상의 궁합을 자랑하는 토마토와 함께 신선하고 풍미 가득한 샐러드를 만들어 보세요.

토마토 보코치니 샐러드

ingredient

토마토 1개
바질 3장
발사믹식초 1큰술
올리브유 2큰술
소금 약간
후춧가루 약간
보코치니 치즈 1/2팩

recipe

1. 토마토는 1×1cm 크기로 깍둑 썰고, 바질은 채 썬다.
2. 발사믹식초, 올리브유, 소금, 후춧가루를 섞어 양념장을 만들고 **1**과 버무린다.
3. 그릇에 **2**를 담고 위에 보코치니 치즈를 올린다.

/ 7 Day

한 번 만들어 두고 여러모로 활용하는 것 중 하나가 바로 육수죠. 바지락육수는 바지락만 있으면 쉽게 만들 수 있는데 모시조개로 만들어도 괜찮아요. 육수와 육수를 만들고 남은 조갯살은 냉동실에 보관해 두었다가 요긴하게 사용하세요.

바지락 육수 만들기

ingredient

바지락 600g
소금 1큰술
대파 1/2대
다진 마늘 1/2큰술
물 4컵

recipe

1. 바지락은 잠길 정도로 물(분량 외)을 붓고 소금을 넣는다. 어둡게 뚜껑을 덮고 30분간 해감한 다음 깨끗이 씻는다.
2. 대파는 송송 썬다.
3. 냄비에 바지락, 대파, 다진 마늘, 물을 넣고 바지락이 입을 벌릴 때까지 센 불에서 삶는다.
4. 육수는 체로 걸러 내고, 바지락은 살을 발라낸다.

tip 바지락을 해감할 때 어둡게 검은 비닐로 싸거나 뚜껑을 덮으면 해감이 잘됩니다.

가장 만만하게 해 먹을 수 있는 재료를 하나 뽑는다면 바로 가지가 아닐까 싶어요. 하지만 의외로 가지 요리법을 잘 모르는 분들이 많습니다. 가지는 들기름에 볶거나 밥을 짓거나 마파 소스나 두반장 소스에 볶아 먹을 수 있어요. 한식, 중식, 양식 모든 요리에 어울리는 재료입니다.

두반장 가지볶음 × 바지락 감잣국

ingredient

가지 2개
청고추 1/2개
홍고추 1/2개
양파 1개
기름 2큰술
두반장 4큰술
다진 마늘 1작은술

1. 가지는 반으로 자른 다음 어슷 썰고, 청고추, 홍고추, 양파는 채 썬다.
2. 달군 팬에 기름을 두르고 가지, 양파를 넣고 센불에서 3분, 중불에서 5분간 볶다가 가지가 부드러워지면 청고추, 홍고추, 두반장, 다진 마늘을 넣고 약불에서 5분간 볶는다.

ingredient

감자 1/2개
청고추 1/2개
바지락육수 1, 1/2컵
바지락살 3큰술
후춧가루 약간

1. 감자는 2등분한 다음 납작하게 썰고, 청고추는 얇게 송송 썬다.
2. 냄비에 감자와 바지락육수를 넣고 센불에서 끓이다가 끓기 시작하면 불을 중불로 줄인다. 감자가 부드러워지면 바지락살, 청고추, 후춧가루를 넣고 한소끔 끓인다.

tip 두반장가지볶음은 절반을 덜어 내고 가지볶음덮밥(84쪽 참조)을 만들 때 활용합니다.

진하게 끓여도 좋지만 묽게 끓인 클램 차우더는 아침에 부담 없이 먹기 좋아요. 클램차우더는 많은 양을 끓일수록 더 깊은 맛이 나니 만들 때 2~3배 분량을 끓이고 1인분씩 나눠 냉동실에 보관해 두세요. 먹기 전날 밤 냉장실로 옮겨 해동한 다음 데워 먹습니다.

클램차우더

ingredient

감자 1/2개
양파 1/4개
베이컨 2장
올리브유 약간
바지락육수 1, 1/2컵
생크림 1/2컵
바지락살 1/2컵
소금 약간
후춧가루 약간
허브 약간

recipe

1 감자, 양파, 베이컨 1장은 1×1cm 크기로 깍둑 썬다.
2 달군 냄비에 올리브유를 두르고 **1**을 넣어 볶다가 반 정도 익으면 바지락 육수를 넣고 중불에서 끓인다.
3 끓기 시작하면 불을 약불로 줄여 감자와 양파가 익을 때까지 10분간 끓이고 생크림, 바지락살을 넣고 중불에서 5분간 끓인다. 소금, 후춧가루로 간 한다.
4 남은 베이컨 1장은 바삭하게 볶아 굵게 부수고 허브와 함께 먹기 전 올린다.

tip 먹기 전 올릴 허브는 타임, 파슬리가 좋습니다.

어젯밤에 볶아 둔 가지를 밥 위에 올려 덮밥으로 즐겨 보세요. 하룻밤 동안 간이 배어 더 깊은 맛이 나면서 밥과 잘 어우러집니다. 달걀을 반숙으로 프라이해 노른자와 비벼 먹으면 맛있지만 취향에 따라 완숙으로 먹어도 괜찮아요.

가지볶음덮밥

ingredient

달걀 1개
실파 1/2대
밥 1공기
가지볶음 2컵

recipe

1   달걀은 반숙으로 프라이하고, 실파는 얇게 송송 썬다.
2   가지볶음을 데운 다음 밥 위에 달걀 프라이, 실파와 함께 올린다.

To make and keep good
you need electricity. In so
cases you can save up to 50%
of your power consumption
by buying a new kitchen ap-
pliance. At other times you
can reduce the time you
spend in the kitchen just by
choosing the right ove
gram. Or make you
lay baker, whic
you with ju
e full of flavo

t you want to be kind to the environment
g money and electricity, and making
easier and tastier. We've therefore listed
kitchen equipment we've used while put-
ook together. We hope you get just as much
out of it as we have, and will continue to have.

CHEN EQUIP NT

45

/ 8 Day

안초비는 멸치와 같이 감칠맛이 풍부하고 짭짤해서 입맛이 없을 때 요리하기 좋은 식재료에요. 부라타 치즈는 속이 마치 크림 치즈, 리코타 치즈 같기도 하고, 모차렐라 치즈 같기도 해요. 담백하고 우유 맛이 진해 별다른 재료 없이도 샐러드 맛을 풍부하게 만들어 줍니다.

안초비 파스타 × 부라타 치즈 샐러드

ingredient

스파게티 1인분
면수(스파게티 삶은 물) 1컵
올리브유 1/3컵
다진 마늘 1큰술
안초비 4개
페퍼론치노 2개
굵은 후춧가루 약간

1. 끓는 물에 스파게티를 삶아서 건진다. 달군 팬에 올리브유를 두르고 중불에서 다진 마늘을 볶는다.
2. 마늘 향이 나면 안초비, 스파게티, 면수를 넣고 3분간 볶다가 안초비가 익으면 페퍼론치노를 부숴 넣고 굵은 후춧가루를 뿌린다.

ingredient

부라타 치즈 2개
토마토 1개
그린올리브 4개
블랙올리브 4개
올리브유 4큰술
소금 1/4작은술
후춧가루 약간

1. 부라타 치즈는 물기를 빼고, 토마토는 2×2cm 크기로 썰고, 그린올리브는 으깨어 씨를 제거한다.
2. 그릇에 부라타 치즈와 토마토를 담은 다음 **1**의 그린올리브, 블랙올리브를 올리고 올리브유, 소금, 후춧가루를 뿌린다.

안초비를 많이 좋아한다면 굵게, 처음 먹는다면 곱게 다져서 섞어 주세요. 짭짜름하고 고소한 안초비는 식빵뿐만 아니라 치아바타나 바게트와도 잘 어울려요.

안초비 스프레드 토스트

ingredient

안초비 4개
다진 마늘 1큰술
올리브유 2큰술
식빵 2장

recipe

1 안초비를 다지고 다진 마늘, 올리브유를 골고루 섞는다.
2 식빵을 부드럽게 구워 2등분하고 *1*을 원하는 양만큼 바른다.

그릴 샌드위치는 파니니 기계가 있으면 굽기 편하지만, 없어도 그릴 팬이나 일반 팬에 눌러 가면서 구울 수 있어요. 겉면이 바삭한 빵과 부라타 치즈의 쫄깃하면서 부드러운 식감, 채소의 신선함이 더해진 샌드위치입니다.

부라타 치아바타 그릴 샌드위치

ingredient

치아바타 1개
부라타 치즈 2개
양파 1/4개
토마토 1개
소금 약간
후춧가루 약간
루콜라 4줄기

recipe

1. 치아바타를 반으로 자른다.
2. 부라타 치즈는 3등분하고, 양파는 얇게 채 썰고, 토마토는 2cm 굵기로 썬다.
3. 치아바타 바닥면에 토마토, 양파, 부라타 치즈, 소금, 후춧가루, 루콜라를 차례대로 올리고 나머지 한쪽 면을 덮는다.
4. 그릴 팬에 **3**을 올린 다음 타지 않도록 중불에서 앞뒤로 2분씩 눌러 굽는다.

/ 9 Day

각종 채소와 낙지를 함께 넣어 볶은 불고기는 고추장 대신 간장 양념으로 만들어 맛이 담백합니다. 낙지는 오래 익히면 질겨지므로 꼭 조리 마지막에 넣어 주세요. 떡볶이 떡을 넣어 근사한 별식으로도 즐길 수 있습니다.

미역국 × 낙지불고기

ingredient

양파 1/2개
대파 1/4대
소고기(불고기용) 300g
낙지 4마리
밀가루 약간
간장 4큰술
설탕 2큰술
고춧가루 1큰술
다진 마늘 2큰술
후춧가루 약간
쑥갓 약간

1 양파는 채 썰고, 대파는 어슷 썰고, 소고기는 한입 크기로 썬다. 낙지는 밀가루로 주물러 닦은 다음 적당한 길이로 썬다.
2 소고기를 양파, 대파, 간장, 설탕, 고춧가루, 다진 마늘, 후춧가루와 버무린 다음 달군 팬에 넣고 센불에서 볶다가 소고기가 반 정도 익으면 낙지를 넣어 볶는다. 쑥갓을 곁들인다.

ingredient

미역 2큰술
국간장 1/2큰술
다진 마늘 1작은술
참기름 2큰술
물 2컵
소금 약간

1 미역을 물(분량 외)에 30분간 불리고 국간장, 다진 마늘과 버무린다.
2 달군 냄비에 참기름을 두르고 미역을 넣어 중불에서 볶다가 미역 색이 변하면 물을 넣고 3분간 끓인다. 소금으로 간한다.

tip 낙지불고기는 절반을 덜어 내고 불고기쌈(100쪽 참조)을 만들 때 활용합니다.

간식으로 먹어도 좋고, 요구르트나 우유와 함께 먹어도 좋은 그래놀라. 이번에 소개하는 레시피는 약간 짭짤하면서도 달달한 맛의 그래놀라예요. 그래놀라는 오븐에서 바삭하게 구운 다음 밀봉해 냉장 보관하면 더 오래 바삭함을 즐길 수 있습니다.

그래놀라

ingredient

호두 3큰술
아몬드 3큰술
오트밀 1컵
올리브유 4큰술
황설탕 1/3컵
소금 1/2 작은술

recipe

1 호두, 아몬드를 굵게 다진다.
2 1을 오트밀, 올리브유, 황설탕, 소금과 골고루 버무린 다음 오븐 팬에 펼쳐 170도로 예열한 오븐에서 10분간 굽는다.

쌈장에 땅콩을 넣으면 바삭하고 고소한 식감이 더해져 불고기, 쌈채소와 잘 어우러집니다. 땅콩 대신 호두, 아몬드 등 다른 견과류를 넣어도 괜찮아요.

불고기쌈

ingredient

고추장 2큰술
된장 2큰술
다진 마늘 2큰술
다진 땅콩 2큰술
참기름 1작은술
쌈채소 40g
낙지불고기 150g
밥 1공기

recipe

1   고추장, 된장, 다진 마늘, 다진 땅콩, 참기름을 골고루 섞어 쌈장을 만든다.
2   쌈채소는 깨끗이 씻어 물기를 뺀다.
3   낙지불고기를 데워 쌈장, 쌈채소, 밥과 함께 먹는다.

/ 10 Day

한 번에 많은 양의 카레를 만들었다면 나중에 먹을 양은 위생팩에 넣어 모양을 납작하게 만든 다음 냉동 보관해 주세요. 냉동 보관한 카레는 해동해 바로 끓여 먹어도 좋지만, 만약 물기가 적어 부드러운 맛이 없다면 물 대신 다시마육수 혹은 우유를 넣어 데워 주세요.

카레 만들기

ingredient

양파 1개
당근 1개
대파 1대
올리브유 2큰술
다진 소고기 200g
다시마육수 3컵
고체 카레 3조각

recipe

1. 양파, 당근, 대파를 2×2cm 크기로 굵게 썬다.
2. 달군 냄비에 올리브유를 두른 다음 **1**의 재료와 다진 소고기를 넣고 센불에서 5분간 볶는다.
3. **2**에 다시마육수를 붓고 육수가 끓기 시작하면 불을 약불로 줄여 20분간 푹 끓인다.
4. 채소가 부드러워지면 고체 카레를 넣고 약불에서 10분간 저어 가며 끓인다.

카레는 한 번 만들면 두고두고 먹을 수 있고, 다양한 요리로도 활용이 가능해요. 밥 대신 라면, 우동 면, 스파게티 면을 넣어 먹어도 좋습니다. 함께 곁들여 먹을 중국식 오이 피클은 새콤달콤하면서 두반장의 매콤한 맛이 어우러져 김치 대신 먹기 좋아요. 일주일 정도 냉장 보관이 가능합니다.

중국식 오이피클 × 카레라면

ingredient

라면사리 1개
달걀 1개
실파 1대
카레 2, 1/2컵
다시마육수 1컵

1. 라면사리는 끓는 물에 삶아서 건지고, 달걀은 반숙으로 삶고, 실파는 송송 썬다.
2. 냄비에 카레와 다시마육수를 넣고 센불에서 끓이다가 카레가 끓어오르면 라면을 넣고 불을 중불로 줄이고 2분간 끓인다. 먹기 전 달걀과 실파를 올린다.

ingredient

취청오이 1, 1/2개
소금 1큰술
두반장 3큰술
식초 3큰술
설탕 3큰술
물 1컵

1. 오이를 반으로 잘라 1cm 폭으로 어슷 썰고 소금을 뿌려 30분간 재운 다음 물기를 꼭 짠다.
2. 냄비에 두반장, 식초, 설탕, 물을 넣고 센불에서 끓이다가 끓기 시작하면 불을 중불로 줄이고 설탕이 녹을 때까지 3분간 끓인다. 1의 오이에 부어 30분 이상 재운다.

티샌드위치라고도 부르는 오이 샌드위치는 만들기는 간단하지만 맛은 아주 뛰어납니다. 속 재료로 훈제 연어를 추가하거나 샌드위치용 햄을 넣어 더 든든하게 즐길 수 있어요.

오이 샌드위치

ingredient

식빵 2장
오이 1/2개
홀스래디시 마요네즈 2큰술

recipe

1. 식빵 한쪽 면에 홀스래디시 마요네즈를 바르고 필러로 얇게 슬라이스한 오이를 올린다.
2. 뚜껑을 덮고 가장자리를 자른 다음 삼각 모양이 만들어지게 대각선 방향으로 4등분한다.

고기완자 카레덮밥

카레에 곁들일 완자는 너무 뻑뻑할 정도로 굽는 것보다 촉촉하게 굽는 것이 좋아요. 속까지 익히기 어렵다면 뚜껑을 덮고 약불에서 5분간 익혀 주세요. 완자는 레시피를 따라 직접 만들어도, 시판용 제품을 이용해도 괜찮습니다.

ingredient

다진 고기 100g
다진 마늘 1큰술
소금 약간
후춧가루 약간
밀가루 1큰술
올리브유 약간
밥 1공기
카레 1, 1/2컵
대파 1/4대

recipe

1. 다진 고기, 다진 마늘, 소금, 후춧가루, 밀가루를 골고루 섞은 다음 작고 둥글게 완자를 만든다.
2. 달군 팬에 올리브유를 두르고 **1**의 완자를 굴리면서 골고루 굽는다.
3. 밥에 구운 완자를 올리고 그 위에 따뜻하게 데운 카레와 어슷 썬 대파를 올린다.

/ 11 Day

슈퍼 푸드로 유명한 병아리콩과 퀴노아는 하룻밤 재워 두면 맛이 충분히 배어 더 맛있어요. 감자납작허브구이는 허브 향과 감자의 폭신한 식감이 어우러지면서 밥 대신 든든하게 즐길 수 있습니다.

곡물사과 샐러드 × 감자납작 허브구이

ingredient

병아리콩 1컵
퀴노아 1/4컵
양파 1/4개
이탈리안 파슬리 2줄기
사과 1개
올리브유 1/4컵
식초 1/4컵
설탕 2큰술
소금 약간
후춧가루 약간

1. 병아리콩과 퀴노아는 삶아서 물기를 빼고 양파, 이탈리안 파슬리, 사과는 굵게 다진다.
2. 올리브유, 식초, 설탕, 소금, 후춧가루를 골고루 섞어 드레싱을 만들고 양파, 병아리콩, 퀴노아와 섞어 30분간 재운 다음 사과, 이탈리안 파슬리를 섞는다.

ingredient

감자 2개
타임 약간
로즈마리 약간
올리브유 약간
소금 약간
후춧가루 약간

1. 감자를 껍질째 깨끗이 씻어 1cm 두께로 썬다.
2. 1에 타임, 로즈마리, 올리브유, 소금, 후춧가루를 골고루 버무린 다음 달군 팬에 올려 중불에서 앞뒤로 노릇하게 굽는다.

tip 곡물사과샐러드는 절반을 덜어 내고 곡물샐러드면두부파스타(118쪽 참조)를 만들 때 활용합니다.

브리 치즈와 사과의 정통적인 조합은 와인과 함께 즐기기에 혹은 간식이나 아침으로 즐기기에 모두 완벽합니다. 브리 치즈 대신 카망베르 치즈를 써도 괜찮아요. 사과의 아삭함과 치즈의 부드러움이 잘 어우러지는 샌드위치입니다.

브리 치즈 사과 샌드위치

ingredient

사과 1/2개
브리 치즈 1/2개
사워도우 약간
허브 약간
꿀 약간
후춧가루 약간

recipe

1. 사과는 얇게 웨지 모양으로 썰고, 브리 치즈는 0.5cm 폭으로 얇게 썬다.
2. 사워도우를 바삭하게 구운 다음 브리 치즈, 사과를 올리고 허브와 꿀을 뿌린다. 취향에 따라 후춧가루를 더한다.

전날 만들어 하룻밤 동안 재워 둔 곡물사과샐러드에 면두부를 넣어 파스타를 만들어 보세요. 면 요리를 좋아하는 사람은 물론 두부 요리를 좋아하는 사람도 평소와 다른 색다른 요리를 즐길 수 있습니다.

곡물샐러드 면두부파스타

ⓛ
8

ingredient

면두부 1인분
로메인레터스 2장
샐러드채소 20g
곡물사과샐러드 1컵

recipe

1 면두부를 삶아서 데친 다음 건져 물기를 뺀다.
2 로메인레터스와 샐러드채소는 깨끗이 씻어 먹기 좋은 크기로 썰고 곡물사과샐러드, 면두부와 골고루 섞는다.

tip 드레싱 양이 충분해야 면두부에 간이 잘 배어 맛있습니다. 올리브유 1/4컵, 식초 1/4컵, 설탕 2큰술, 소금 약간, 후춧가루 약간을 섞어 드레싱을 만들고 원하는 양만큼 추가해 주세요.

/ 12 Day

여러 가지 재료를 넣는 솥밥은 재료에서 물기가 나오기 때문에 쌀 양과 솥의 크기에 따라 물 양을 가감하지 않으면 밥이 질퍽해질 수 있습니다. 재료의 물기는 최대한 없애 주세요. 솥밥과 함께 먹을 반찬으로 조금 심심하게 만든 감자명란볶음은 명란이나 소금 양을 늘려 간을 더할 수 있습니다.

유부팽이솥밥 × 감자명란볶음

ingredient

쌀 1, 1/2컵
팽이버섯 4/5개
유부 8개
올리브유 약간
간장 2큰술
설탕 1큰술
물 1, 1/2컵

1 쌀은 깨끗이 씻어 물(분량 외)에 불리고, 팽이버섯은 3cm 길이로 썰고, 유부는 반으로 잘라 곱게 채 썬 다음 끓는 물에 데쳐서 물기를 꼭 짠다.

2 달군 팬에 올리브유를 두르고 팽이버섯, 유부, 간장, 설탕을 넣어 볶는다. 솥에 쌀과 물을 넣고, 볶은 재료를 모두 올려 중불에서 15분간 익힌 다음 불을 끄고 5분간 뜸들인다.

ingredient

감자 1개
명란 2/3개
실파 1/2대
올리브유 약간
통깨 약간

1 감자는 껍질을 벗겨 반달 모양으로 납작하게 썰고, 명란은 껍질을 벗겨 살을 발라낸다. 실파는 송송 썬다.

2 달군 팬에 올리브유를 두르고 감자를 넣어 중불에서 볶다가 감자가 익으면 불을 약불로 줄이고 명란을 넣어 한차례 볶는다. 통깨와 실파를 뿌린다.

tip 유부팽이솥밥은 2/3를 덜어 내고 유부주먹밥(126쪽 참조)을 만들 때 활용합니다.

팽이버섯된장국은 모든 재료를 한입에 떠먹을 수 있도록 작은 크기로 써는 것이 포인트예요. 고기와 비슷한 식감의 팽이버섯 덕분에 따뜻하고 든든한 한끼를 먹을 수 있습니다. 아침을 더욱 든든하게 먹고 싶다면 전날 지은 유부팽이솥밥을 데워 함께 드세요.

팽이버섯 된장국

ingredient

미역 1작은술
팽이버섯 1/5개
두부 1/4모
가쓰오부시육수 1, 1/2컵
미소 1/2큰술

recipe

1. 미역은 물에 불리고, 팽이버섯은 송송 썰고, 두부는 한입 크기로 썬다.
2. 달군 냄비에 가쓰오부시육수와 미역을 넣고 중불에서 끓이다가 미역 색이 변하면 팽이버섯, 미소를 넣고 골고루 섞은 다음 약불에서 5분간 끓인다.

고추장아찌의 매콤함과 유부팽이솥밥의 짭짤함이 어우러진 주먹밥. 여기에 통깨를 발라 고소함을 더했어요. 속 재료는 고추장아찌 대신 다른 장아찌를 넣어도 좋습니다. 단, 속 재료의 물기가 많으면 주먹밥이 풀어질 수 있으므로 장아찌의 물기를 꼭 짜서 넣어야 해요.

유부주먹밥

ingredient

실파 1대
고추장아찌 1개
유부팽이솥밥 1공기
마요네즈 1큰술
통깨 1큰술

recipe

1 실파는 얇게 송송 썰고, 고추장아찌는 곱게 다진다.
2 유부팽이솥밥을 데운 다음 **1**의 실파와 골고루 섞는다.
3 밥을 삼각 모양으로 세 덩이를 만든 다음 가운데를 오목하게 만들고 고추장아찌를 넣어 주먹밥을 만든다.
4 주먹밥 겉면 한쪽에 마요네즈를 바르고 통깨를 묻힌다.

/ 13 Day

고기 대신 다양한 버섯을 넣어 만든 버섯 볶음으로 육개장과 수프를 만들어 보세요. 버섯에서 나온 충분한 풍미와 적당한 포만감에 맛있는 한끼를 즐길 수 있습니다.

버섯육개장칼국수 × 애호박채전

ingredient

버섯 종류별로 1팩씩
양파 1/2개
대파 1대
올리브유 약간
고춧가루 1큰술
다진 마늘 1작은술
물 4컵
소금 약간
국간장 1큰술
후춧가루 약간
칼국수 면 1인분

recipe

1. 버섯은 찢거나 도톰하게 채 썰고, 양파는 채 썰고, 대파는 어슷 썬다.
2. 달군 냄비에 올리브유를 두르고 **1**의 재료를 넣고 볶는다.
3. 모두 볶아지면 절반을 덜어 내고, 남은 절반에 고춧가루, 다진 마늘, 물을 넣고 푹 끓인다.
4. 재료가 부드러워지면 소금, 국간장, 후춧가루로 간한 다음 칼국수 면을 넣고 끓인다.

ingredient

애호박 1/3개
소금 약간
밀가루 1큰술
달걀 1개
기름 약간

1. 애호박을 채 썰어 소금에 버무린다.
2. **1**에 밀가루와 달걀을 골고루 섞은 다음 기름을 두른 팬에 한입 크기로 부친다.

tip 버섯육개장칼국수의 버섯 볶음은 절반을 덜어 내고 버섯크림수프(132쪽 참조), 버섯비빔밥(134쪽 참조)을 만들 때 활용합니다.

어젯밤 볶은 버섯에 생크림과 우유를 넣어 쉽게 끓이는 버섯수프예요. 전날 모든 재료를 믹서에 갈아서 냉장 보관해 두었다가 다음 날 끓여 먹거나, 미리 끓여 놓았다가 다음 날 전자레인지에 간편히 데워 먹어도 괜찮아요.

버섯크림수프

ingredient

버섯 볶음 2컵
우유 1컵
생크림 1/2컵
버터 1큰술
소금 약간
후춧가루 약간

recipe

1 모든 재료를 믹서에 넣고 굵게 간다.
2 냄비에 **1**을 넣고 약불에서 7~10분간 저어 가며 끓인다.

버섯 볶음을 활용한 요리예요. 차갑게 식은 버섯 볶음은 양념에 비비기 전 밥과 함께 따뜻하게 데워 주세요. 더 담백한 맛을 원한다면 고추장 대신 간장과 설탕을 섞어 비벼 먹어도 좋습니다.

버섯비빔밥

ingredient

밥 1공기
버섯 볶음 1컵
샐러드채소 약간
고추장 1큰술
식초 1/2큰술
설탕 1/2큰술
통깨 1큰술

recipe

1 밥 위에 버섯 볶음을 올린다.
2 샐러드채소를 곱게 채 썬다.
3 고추장, 식초, 설탕, 통깨를 골고루 섞어 양념장을 만든 다음 먹기 전 밥에 비빈다.

/ 14 Day

든든한 뿌리 채소로 보양식처럼 즐길 수 있는 솥밥이에요. 냉장고에 있는 자투리 채소는 무엇이든 넣어도 되지만 수분이 많은 채소를 넣을 때는 물 양을 줄여야 밥이 질지 않습니다.

김국 × 뿌리채소솥밥

ingredient

당근 1/2개
연근 1대
우엉 1대
불린 쌀 1컵
물 1컵
대파 1/2대
청량고추 1/2개
간장 1큰술
설탕 1작은술
통깨 1큰술

1 당근, 연근, 우엉은 깨끗이 씻어 껍질을 벗기고 굵게 썬다.
2 불린 쌀과 1의 재료를 골고루 섞어 솥에 넣고 물을 붓는다. 중불에서 15분간 익힌 다음 불을 끄고 5분간 뜸들인다. 대파, 청량고추를 다진 다음 간장, 설탕, 통깨와 섞어 만든 양념장을 곁들인다.

ingredient

김 1장
실파 1/4대
멸치육수 2컵
국간장 1작은술

1 김은 굵게 부수고, 실파는 송송 썬다.
2 냄비에 멸치육수를 붓고 육수가 끓어오르면 김과 실파를 넣고 국간장으로 간한다.

tip 뿌리채소솥밥은 절반을 덜어 내고 뿌리채소죽(140쪽 참조)을 만들 때 활용합니다.

전날 만든 뿌리채소솥밥에 물을 더해 간편하게 만든 죽이에요. 간이 조금 싱겁게 느껴지면 간장으로 간을 조절해 주세요. 알갱이가 더 작은 죽을 원한다면 믹서에 갈아서 끓여 줍니다.

뿌리채소죽

ingredient

뿌리채소솥밥 1공기
물 2컵
참기름 1/2큰술

recipe

1 뿌리채소솥밥에 물을 붓고 센불에서 끓인다.
2 끓기 시작하면 불을 약불로 줄이고 밥이 퍼질 때까지 10분간 끓인 다음 불을 끄고 참기름을 넣는다.

양파를 절이듯 살짝 끓인 양파절임은 매운맛은 빠지고, 부드러운 식감에 깊은 맛이 더해져 맛이 좋아요. 김장아찌는 단맛과 짠맛이 적절히 섞인 밑반찬이에요. 만들어 두면 일주일 이상 냉장 보관하며 먹을 수 있습니다.

김장아찌 × 양파절임

ingredient

양파 1개
청고추 1개
간장 2큰술
발사믹식초 2큰술
설탕 1큰술
물 1/4컵

1 양파는 깍둑 썰고, 청고추는 송송 썬다.
2 냄비에 **1**의 양파와 간장, 발사믹식초, 설탕, 물을 넣고 중불에서 3분간 끓인 다음 청고추를 넣고 불을 끈다.

ingredient

생강 1/2개
간장 1/2컵
설탕 1/2컵
다시마육수 1/2컵
김 15장

1 생강을 얇게 편 썬 다음 냄비에 간장, 설탕, 다시마육수와 함께 넣어 센불에서 끓이다가 끓기 시작하면 불을 중불로 줄이고 설탕이 녹을 때까지 5분간 끓인다.
2 8등분한 김에 **1**을 붓고 김이 모든 수분을 빨아들일 때까지 재운다.

/ 15 Day

아주 간단한 재료로 집에서 만들기 쉬운 바질페스토는 사 먹는 것보다 직접 만들어 먹는 것이 훨씬 맛있어요. 페스토는 바질 대신 깻잎이나 부추, 시금치 등을 활용해도 좋지만 바질로 만드는 것이 향이 가장 좋아요.

바질페스토 만들기

ingredient

바질 60g
잣 1컵
마늘 2개
파마산 치즈 100g
올리브유 1컵
소금 1작은술

recipe

1 바질, 잣, 마늘은 칼로 곱게 다지고, 파마산 치즈는 봉지에 넣어 굵게 부순다.
2 **1**과 올리브유를 골고루 섞은 다음 소금으로 간한다.

바질페스토파스타는 면만 삶아서 페스토와 버무리면 되는 간단한 요리에요. 여름에는 면수 없이 면과 페스토만 버무려 바로 먹어도 좋지만, 평소에는 면수를 넣어 함께 버무려 주세요. 면수에 남은 열로 페스토의 치즈가 녹으면서 더 부드럽게 즐길 수 있습니다.

바질페스토 파스타 × 방울양배추 샬롯피클

ingredient

숏 파스타 1인분
면수 1/4컵
바질페스토 6큰술

1 소금을 넣은 끓는 물에 숏 파스타를 넣고 봉지에 쓰인 시간만큼 삶는다.
2 팬에 숏 파스타, 면수, 바질페스토를 넣고 골고루 버무린다.

ingredient

샬롯 4개
방울양배추 10개
소금 2작은술
식초 1/2컵
설탕 1/2컵
물 1컵

1 샬롯은 껍질을 벗기고, 방울양배추는 반으로 자른다.
2 냄비에 소금, 식초, 설탕, 물을 넣어 한소끔 끓인 다음 중불에서 설탕이 녹을 때까지 5분간 끓인다. 밀폐용기에 **1**과 함께 넣고 냉장실에서 3일간 숙성시킨다.

구운 빵에 페스토만 발라도 맛있는 토스트를 만들 수 있습니다. 위에 치즈를 올리면 또 다른 맛으로도 즐길 수 있어요. 파스타를 먹기 전, 애피타이저로 먹어도 좋습니다.

B

바질페스토 토스트

ingredient

식빵 2장
바질페스토 2큰술

recipe

1 식빵을 바삭하게 굽는다.
2 *1*의 식빵에 바질페스토를 펴 바른다.

바질페스토로 만든 리소토예요. 우유나 크림 대신 순두부를 넣어 더 부드럽고 고소합니다.

바질페스토 크림리소토

ingredient

바질페스토 3큰술
순두부 100g
밥 1공기

recipe

1 바질페스토, 순두부를 믹서에 곱게 간다.
2 달군 팬에 밥과 **1**을 넣고 골고루 섞으며 약불에서 5분간 끓인다.

/ 16 Day

대패 불고기는 일반 불고기보다 고기가 얇게 썰려 식감이 더 부들부들하지만, 오래 재우면 수분이 빠져 고기가 뻣뻣해져요. 양념을 섞으면 바로 구워 주세요. 쑥갓달걀전은 너무 세지 않은 불에서 익혀야 달걀이 부드럽고 맛있습니다.

대패불고기 × 쑥갓달걀전

ingredient

소고기(불고기용) 400g
느타리버섯 1팩
양파 1/2개
간장 4큰술
설탕 2큰술
다진 마늘 1큰술
후춧가루 약간
기름 약간
쑥갓 약간

1 소고기와 느타리버섯은 한입 크기로 썰고, 양파는 채 썬다.
2 간장, 설탕, 다진 마늘, 후춧가루를 섞어 양념을 만들고 1과 섞은 다음 기름을 두른 팬에 넣고 부드럽게 볶는다. 먹기 전 쑥갓을 올린다.

ingredient

쑥갓 4대
밀가루 1/2큰술
달걀 1개
간장 1큰술
다진 마늘 1/2작은술
후춧가루 약간
기름 약간

1 쑥갓은 3cm 길이로 썰어 밀가루에 가볍게 버무리고, 달걀은 곱게 풀어 간장, 다진 마늘, 후춧가루와 섞는다.
2 1의 쑥갓과 달걀물을 섞은 다음 달군 팬에 기름을 두르고 한입 크기로 부친다.

tip 대패불고기는 절반을 덜어 내고 불고기덮밥(160쪽 참조)을 만들 때 활용합니다.

달걀 요리는 누구나 익숙하고 만들기 쉽지만, 오믈렛만큼은 어렵다고 느끼는 분들이 많을 거예요. 바로 타원 모양을 만들기 어렵기 때문이죠. 하지만 오믈렛으로 만들면 더 부드럽고 탄력 있는 달걀을 맛볼 수 있습니다.

쑥갓 오믈렛

ingredient

양파 1/2개
쑥갓 4대
달걀 2개
우유 1/4컵
소금 약간
후춧가루 약간
올리브유 약간

recipe

1 양파는 곱게 다지고, 쑥갓은 2cm 길이로 썰고, 달걀은 곱게 풀어 우유, 소금, 후춧가루와 섞는다.
2 달군 팬에 올리브유를 두르고 양파를 넣어 센불에서 볶는다.
3 양파가 향이 나면 달걀물과 쑥갓을 차례대로 넣고 약불에서 스크램블을 만들 듯 저어 가며 익힌다.
4 달걀이 반 정도 익으면 팬을 기울여 한쪽 면으로 달걀을 밀어 주면서 타원 모양을 만든다.

전날 만든 불고기를 데워 밥 위에 올려 먹는 것만으로도 충분히 맛있는 한 끼를 먹을 수 있지만, 달걀과 초생강, 와사비를 더하면 조금 더 색다른 맛으로 먹을 수 있어요. 날달걀을 좋아하지 않는 사람은 반숙으로 프라이를 해 먹어도 좋습니다.

불고기덮밥

ingredient

불고기 200g
밥 1공기
달걀 노른자 1개
초생강 20g
와사비 1작은술
실파 1대

recipe

1 전날 구운 불고기를 따뜻하게 데운 다음 밥 위에 올린다.
2 이어서 달걀 노른자, 송송 썬 실파, 초생강, 와사비를 올린다.

/ 17 Day

맛있는 꼬막찜의 비결은 꼬막을 너무 질기지 않게, 부드럽게 삶는 거예요. 꼬막을 물과 함께 냄비에 넣고 끓이다가 아래에서 기포가 올라오면 팔팔 끓기 전 불을 끕니다. 오이나물은 충분히 절인 다음 물기를 꼭 짜 주세요. 꼬들꼬들하게 씹히는 맛을 즐길 수 있습니다.

오이나물 × 꼬막찜

ingredient

꼬막 300g
청고추 1/4개
홍고추 1/4개
양파 1/4개
간장 1큰술
물 1작은술
설탕 1/2큰술
고춧가루 1/2작은술
통깨 1/4큰술
참기름 1/2큰술

1 꼬막은 해감한 다음 끓는 물에 넣어 삶고 한쪽 껍질을 벗긴다.
2 청고추, 홍고추, 양파를 모두 곱게 다진 다음 간장, 물, 설탕, 고춧가루, 통깨, 참기름을 섞어 양념장을 만든다.

ingredient

오이 1개
소금 약간
기름 약간
참기름 약간
통깨 1큰술

1 오이를 반으로 잘라 어슷 썰고 소금에 절인다.
2 오이의 물기를 꼭 짠 다음 기름을 두른 팬에 넣고 중불에서 3분간 볶다가 불을 끄기 전 참기름과 통깨를 뿌린다.

tip 꼬막찜은 절반을 덜어 내고 꼬막비빔밥(168쪽 참조)를 만들 때 활용합니다.

담백하면서 상큼한 맛의 후무스는 채소나 식빵을 가볍게 찍어 먹기 좋아요. 상큼한 맛을 좋아하거나 싫어하는 사람은 취향에 따라 레몬즙의 양을 조절해 주세요. 마지막에 올리브유와 통깨를 뿌리거나 파프리카 파우더를 뿌려 맛을 더해도 좋습니다.

Ⓑ

후무스 채소스틱 샐러드

ingredient

병아리콩 1/2캔
올리브유 1/4컵
레몬즙 4큰술
마늘 1개
식초 2큰술
소금 1/4작은술
후춧가루 약간
오이 1/2개
당근 1/2개
식빵 2장

recipe

1   병아리콩, 올리브유, 레몬즙, 마늘, 식초, 소금, 후춧가루를 믹서에 곱게 간다.
2   오이와 당근을 스틱 모양으로 썬다.
3   식빵을 바삭하게 구운 다음 **1**과 **2**를 곁들인다.

새콤달콤 매콤한 양념장과 쫄깃한 꼬막, 아삭한 채소가 함께 어우러진 꼬막비빔밥은 사라진 입맛까지 돋우는 요리에요. 다양한 채소를 넣어 푸짐하게 먹어도 좋습니다. 양념장은 먹기 전 밥에 넣어 비벼 주세요.

꼬막비빔밥

ingredient

고추장 2큰술
식초 1큰술
설탕 1큰술
쌈채소 약간
삶은 꼬막 1컵
밥 1공기

recipe

1 고추장, 식초, 설탕을 골고루 섞어 양념장을 만든다.
2 쌈채소를 굵게 채 썬 다음 전날 삶은 꼬막, 밥과 함께 담는다.

Part 02.

주말,
특별하게
한 그릇
요리

오징어 쌈장

쌈장 하나만 잘 만들어도 맛있는 한 끼를 먹을 수 있어요. 오징어 대신 새우, 문어, 조개 등 다른 재료를 넣어도 평소 먹던 쌈장에 특별한 변화를 줄 수 있습니다. 고기를 좋아하면 차돌박이나 삼겹살을 볶아서 넣어도 좋아요.

ingredient

오징어 1마리
양파 1/2개
청량고추 1개
기름 약간
다시마육수 1/2컵
고추장 2큰술
된장 2큰술
다진 마늘 2큰술
고춧가루 1작은술
참기름 1큰술

recipe

1. 오징어와 양파는 굵게 썰고, 청량고추는 송송 썬다.
2. 달군 냄비에 기름을 두르고 양파를 넣어 중불에서 3분간 볶는다.
3. 양파가 반 정도 익으면 참기름을 제외한 모든 재료를 넣고 중불에서 끓인다.
4. 오징어가 완전히 익으면 불을 끈 다음 참기름을 넣고 골고루 섞는다.

연어구이

연어구이는 마지막에 간장과 설탕으로 간을 하면 감칠맛이 더욱 살아나고 비린 맛이 줄어들어요. 먹기 전 레몬을 뿌리면 연어의 느끼함을 잡아 줍니다. 곁들여 먹는 실파는 대파나 부추로 대체해도 좋아요.

ingredient

올리브유 약간
연어 1토막
실파 4대
간장 1큰술
설탕 1/2작은술
레몬 1조각

recipe

1 달군 팬에 올리브유를 두른 다음 연어와 실파를 넣고 앞뒤로 노릇하게 굽는다.
2 연어가 익으면 간장, 설탕을 넣고 겉면을 코팅하듯 익힌다. 먹기 전 레몬을 뿌린다.

샤브샤브

샤브샤브는 취향에 따라 채소, 고기, 해물을 곁들여 먹는 요리예요. 육수 멸치에서 우러난 짠맛이 있기 때문에 별도로 간을 하지 않아도 되지만 간을 더하고 싶다면 깔끔한 맛을 원할 때는 소금으로, 감칠맛을 원할 때는 참치액이나 국간장을 넣어 주세요.

ingredient

청경채 2개
버섯 종류별로 1/4팩씩
쌈채소 종류별로 2장씩
쑥갓 2대
두부 1/2모
고기(샤브샤브용) 300g
갈은 깨 1큰술
간장 1큰술
설탕 1작은술
식초 2작은술
물 2작은술
땅콩버터 2작은술
칠리 소스 2큰술
스리라차 소스 2큰술
멸치육수 5컵

recipe

1 청경채, 버섯, 쌈채소, 쑥갓, 두부를 먹기 좋은 크기로 자른다.
2 갈은 깨, 간장, 설탕, 식초, 물, 땅콩버터를 골고루 섞어 양념장 1을 만든다.
3 칠리 소스, 스리라차 소스를 골고루 섞어 양념장 2를 만든다.
4 냄비에 멸치육수를 붓고 푹 끓인 다음 먹기 전 고기와 함께 **1**의 재료를 넣어 익힌다.

오믈렛 브런치

주말 요리에는 브런치가 빠질 수 없죠. 오믈렛의 타원 모양을 내기 어려울 때는 넓게 지단을 붙이듯 팬에 달걀물을 붓고 달걀물이 절반 이상 익었을 때 반으로 접어 주세요. 속 재료는 취향에 따라 가감합니다.

ingredient

- 달걀 4개
- 우유 1/2컵
- 다진 마늘 1/4작은술
- 소금 약간
- 후춧가루 약간
- 양파 1/4개
- 양송이버섯 2개
- 기름 약간
- 루콜라 약간
- 방울토마토 4개
- 올리브유 2큰술
- 그라나파다노 치즈 1/4컵
- 발사믹식초 2큰술

recipe

1. 달걀을 곱게 풀어 우유, 다진 마늘, 소금, 후춧가루와 섞는다.
2. 양파, 양송이버섯은 굵게 썬다.
3. 달군 팬에 기름을 두르고 **2**의 재료를 넣고 중불에서 5분간 볶는다.
4. 모두 익으면 **1**의 달걀물을 붓고 약불에서 익힌다.
5. 달걀물이 반 이상 익었을 때 반으로 접는다.
6. 루콜라, 방울토마토, 올리브유, 그라나파다노 치즈, 발사믹식초를 곁들인다.

칠리크랩카레

소프트쉘크랩은 일반 마트에서는 보기 어렵지만 인터넷으로 쉽게 주문할 수 있어요. 이번에 소개하는 레시피는 바삭하게 튀긴 소프트쉘크랩을 볶은 야채, 칠리 소스와 버무리는 요리예요. 칠리 소스 대신 마늘을 듬뿍 넣어 볶은 양념에 버무려도 맛있습니다.

ingredient

소프트쉘크랩 900g
소금 약간
후춧가루 약간
밀가루 1/2컵
양파 1/2개
청피망 1/2개
홍피망 1/2개
튀김유 적당량
기름 약간
다진 마늘 1큰술
설탕 2큰술
스리라차 소스 2큰술
칠리 소스 2컵
레몬즙 1큰술
고수 약간

recipe

1 소프트쉘크랩은 소금, 후춧가루로 밑간하고 밀가루에 골고루 버무린다.
2 양파, 청피망, 홍피망은 1X1cm 크기로 썬다.
3 냄비에 튀김유를 붓고 온도가 180℃가 될 때까지 중불에서 달군 다음, 소프트크랩을 넣어 바삭하게 두 번 튀긴다. 체에 밭쳐 기름을 충분히 뺀다.
4 달군 팬에 기름을 두르고 양파, 다진 마늘을 넣어 약불에서 5분간 볶는다.
5 마늘 향이 나면 설탕, 스리라차 소스, 칠리 소스를 넣고 중불에서 5분간 끓인다.
6 레몬즙과 **3**의 소프트크랩을 넣고 골고루 버무린 다음 먹기 전 고수를 곁들인다.

스테이크와 매시트포테이토

스테이크와 곁들여 먹는 매시트포테이토를 만들 때는 반드시 감자를 쪄서 뜨거울 때 으깨야 해요. 매시트포테이토가 남으면 샌드위치 속 재료로 활용해도 좋고 냉동해 두었다가 따뜻하게 데워 먹어도 좋습니다. 스테이크는 취향에 따라 레몬과 와사비를 곁들여 먹으세요.

ingredient

감자 3개
버터 2큰술
우유 1/2컵
생크림 1/2컵
소금 1/4작은술
그린빈 12개
소금(그린빈, 스테이크 밑간용) 약간
후춧가루(그린빈, 스테이크 밑간용) 약간
소고기(스테이크용) 300g
올리브유 약간

recipe

1 감자는 껍질을 벗기고 찜기에 찐 다음 냄비에 넣어 으깬다. 버터, 우유, 생크림, 소금을 넣고 골고루 섞는다.
2 약불에서 골고루 섞으며 끓이다가 질감이 쫀득해지면 불을 끈다.
3 달군 팬에 올리브유를 두르고 그린빈을 넣어 센불에서 5분간 볶은 다음 소금, 후춧가루로 간한다.
4 소고기는 소금, 후춧가루로 밑간한다.
5 달군 팬에 올리브유를 두르고 **4**의 고기를 취향에 맞게 굽는다.

세이로무시

갖가지 재료를 쪄서 담백하게 즐기는 세이로무시는 좋아하는 고기, 채소 무엇이든 넣고 즐길 수 있어요. 샤브샤브처럼 어려운 조리 과정 없이 폼 나게 즐길 수 있는 요리입니다. 찜기를 하나만 사용할 경우 먼저 고기를 깔고 위에 채소를 올려 주세요.

ingredient

숙주 100g
차돌박이 200g
소고기(불고기용) 200g
두부 1/4모
단호박 1/8개
청경채 2개
버섯 2개
배추 4장
간장 4큰술
갈은 무 2큰술
청주 4큰술
설탕 1작은술
실파 1대
*양념장 2(177쪽 참고)
*양념장 3(177쪽 참고)

recipe

1 첫 번째 찜기에 숙주, 차돌박이, 소고기를 차례대로 올린다.
2 두 번째 찜기에 먹기 좋게 손질한 두부, 단호박, 청경채, 버섯, 배추를 올린 다음 **1**의 찜기와 함께 약불에서 10분간 찐다.
3 간장, 갈은 무, 청주, 설탕을 섞은 다음 체에 한 번 거르고 송송 썬 실파를 넣어 양념장 1을 만든다.
4 갈은 깨, 간장, 설탕, 식초, 물, 땅콩버터를 골고루 섞어 양념장 2를 만든다.
5 칠리 소스, 스리라차 소스를 골고루 섞어 양념장 3을 만든다.

소고기스튜

채소와 고기를 넣고 푹 끓여 뭉근한 맛을 즐기는 소고기스튜. 추운 날 따끈하게 먹거나 숏 파스타를 넣어 먹거나 빵을 곁들여 먹을 수 있어요. 물 대신 채소스톡이나 치킨스톡을 넣으면 더 진한 맛이 납니다. 채소는 레시피에 나온 재료 외에 냉장고에 있는 것들을 넣어도 좋아요. 채소에서 수분이 나오지만 물이 부족하면 추가해 주세요.

ingredient

소고기(채끝, 안심, 등심 등) 300g
양송이버섯 4개
양파 1/2개
감자 1/2개
쥬키니호박 1/4개
토마토 1개
마늘 4개
올리브유 약간
물 1, 1/2컵
오레가노 약간
소금 약간
후춧가루 약간

recipe

1. 소고기, 양송이버섯, 양파, 감자, 쥬키니호박, 토마토는 한입 크기로 썰고 마늘은 편 썬다.
2. 달군 냄비에 올리브유를 두르고 토마토를 제외한 모든 재료를 넣어 센불에서 3분간 볶는다.
3. 2에 토마토를 넣은 다음 물을 붓는다. 끓기 시작하면 불을 약불로 줄이고 재료가 익을 때까지 15분간 끓인 다음 오레가노를 넣고 불을 끈다. 소금, 후춧가루로 간한다.

생연어덮밥

연어의 신선한 맛을 즐길 수 있는 고소하고 담백한 덮밥 요리예요. 생연어를 구하기 어렵다면 훈제 연어를 사용해도 좋습니다. 단, 훈제 연어를 사용할 때는 키친타월로 눌러 기름기를 제거한 다음 레몬즙을 뿌려 주세요.

ingredient

양파 1/4개
실파 2대
레몬 1/4개
간장 2큰술
다시마육수 2큰술
설탕 1큰술
생연어 200g
밥 1공기
와사비 약간

recipe

1. 양파는 곱게 채 썰고, 실파는 송송 썰고, 레몬은 웨지 모양으로 썬다.
2. 냄비에 간장, 다시마육수를 넣고 살짝 끓인 다음 설탕을 넣어 녹인다.
3. 밥 위에 연어, 양파를 차례대로 올리고 실파를 뿌린 다음 레몬, 와사비, **2**를 곁들인다.

트러플파스타

은은한 트러플 향이 매력적인 오일 파스타예요. 시판 소스를 활용하면 오일 파스타만큼 간단하게 즐길 수 있는 요리입니다. 이때 면은 스파게티보다 넓은 면을 사용해 주세요. 트러플페스토는 바질페스토토스트(150쪽 참조)처럼 구운 빵에 발라 먹어도 좋아요.

ingredient

소금 약간
파스타 1인분
트러플페스토 4큰술
올리브유 2큰술
그라나파다노 치즈 약간

recipe

1. 소금을 넣은 끓는 물에 파스타를 넣고 삶는다.
2. 팬에 파스타, 트러플페스토, 올리브유를 넣고 중불에서 골고루 버무린다. 먹기 전 필러로 슬라이스한 그라나파다노 치즈를 올린다.

갈레트

밀가루가 아닌 메밀가루로 만든 담백한 요리에요. 레시피를 따라 만든 다음 루콜라나 다른 채소를 곁들여 먹어도 좋지만 갈레트 위에 루콜라를 올려 롤케이크처럼 돌돌 말아서 먹어도 좋아요. 취향에 따라 치즈나 올리브유를 추가해 주세요.

ingredient

메밀가루 1/4컵
물 1/2컵
녹인 버터 1큰술
소금 약간
기름 약간
달걀 2개
햄 2장
루콜라 약간
후춧가루 약간
파마산 치즈 약간
올리브유 약간

recipe

1. 메밀가루, 물, 녹인 버터를 골고루 섞은 다음 소금으로 간한다.
2. 달군 팬에 기름을 둘렀다가 키친타월로 닦아내고 **1**의 반죽을 얇게 펴서 굽는다.
3. 반죽의 윗면이 살짝 익으면 달걀을 올리고 반숙으로 익힌다.
4. 햄을 올리고 네 모서리를 모두 접은 다음 루콜라, 후춧가루, 파마산 치즈를 곁들이고 올리브유를 뿌린다.

칼칼한 국물이 일품인 곱창전골이에요. 시판용 곱창은 조리 전 찬물에 가볍게 헹궈 불순물을 씻어내고 쫄깃함을 살려 주세요.

곱창전골

ingredient

- 버섯 종류별로 1/4팩씩
- 두부 1/4모
- 양파 1/4개
- 쑥갓 3줄
- 대파 1대
- 곱창 160g
- 우동 면 1개
- 고추장 2큰술
- 고춧가루 2큰술
- 다진 마늘 2큰술
- 간장 2큰술
- 후춧가루 약간
- 설탕 1작은술
- 다진 생강 1/4작은술
- 다시마육수 1리터

recipe

1 버섯, 두부, 양파, 쑥갓, 대파는 먹기 좋은 크기로 썰고 곱창은 찬물에 가볍게 씻는다.
2 끓는 물에 우동 면을 삶은 다음 차가운 물에 식히고 물기를 뺀다.
3 고추장, 고춧가루, 다진 마늘, 간장, 후춧가루, 설탕, 다진 생강을 섞어 양념장을 만든다.
4 전골 냄비에 1의 재료와 3의 양념장, 분량의 육수를 넣고 끓인다.

성게알의 비린 맛은 생강을 넣어 제거해 주세요. 달걀은 취향에 따라 완숙으로 익혀도 좋지만 끓는 물에 달걀을 깨뜨려 반숙으로 익힌 수란을 곁들여 먹으면 맛이 더욱 고소합니다.

성게알덮밥

ingredient

생강 1/2개
간장 1큰술
설탕 1/2큰술
물 1/2큰술
달걀 1개
실파 1대
김 1/2장
밥 1공기
성게알 100g

recipe

1　생강을 갈아서 즙을 낸 다음 간장, 설탕, 물과 골고루 섞어 양념장을 만든다.
2　달걀은 수란을 만든다.
3　실파는 송송 썰고, 김은 잘게 자른다.
4　밥 위에 성게알, 수란, 실파, 김을 올리고 **1**의 양념장을 뿌린다.

먹고 남은 빵을 프렌치토스트로 만들어 보세요. 쫄깃하고 단단한 빵, 말라서 수분이 적은 빵은 달걀물을 많이 흡수해서 더 맛있습니다. 바로 구워 먹어도 좋지만 달걀물을 묻힌 다음 가능하면 하룻밤 동안 냉장실에서 재워 주세요.

프렌치 토스트

ingredient

달걀 2개
우유 1/4컵
연유 1/4컵
소금 약간
식빵 4장
버터 약간
생크림 약간
과일 약간
메이플시럽 약간

recipe

1 달걀을 곱게 풀어 우유, 연유, 소금과 골고루 섞는다.
2 1에 식빵을 푹 담근다.
3 달군 팬에 버터를 녹인 다음 **2**의 식빵을 넣고 앞뒤로 굽는다.
4 취향에 따라 생크림, 과일, 메이플시럽을 곁들인다.

분모자떡볶이

달달한 맛과 마늘 향이 가득한 양념에 분모자를 넣어 만든 떡볶이예요. 감자 전분으로 만든 분모자는 일반 떡볶이 떡보다 더 쫄깃한 식감을 느낄 수 있습니다. 마늘은 생맛이 나지 않도록 충분히 익혀 주세요.

ingredient

대파 1대
배춧잎 2장
곤약 1/4개
어묵 2장
양파 1/2개
고추장 2큰술
고춧가루 2큰술
설탕 2큰술
간장 1큰술
다진 마늘 1큰술
후춧가루 약간
다시마육수 2컵

recipe

1. 대파와 배춧잎은 어슷 썰고, 곤약과 어묵은 납작하게 썰고, 양파는 도톰하게 채 썬다.
2. 고추장, 고춧가루, 설탕, 간장, 다진 마늘, 후춧가루를 섞어 양념장을 만든다.
3. 달군 팬에 다시마육수를 넣고 끓이다가 육수가 끓기 시작하면 **1**의 채소와 **2**의 양념장을 넣는다.
4. 다시 끓기 시작하면 어묵, 분모자, 곤약을 넣고 맛이 충분히 배도록 약불에서 10분간 졸인다.

냉우동 우메보시

이번에 소개하는 냉우동은 우메보시를 잘게 잘라서 함께 먹어야 맛이 더 좋습니다. 추운 계절 따뜻한 우동이 먹고 싶을 때는 우동 면을 차갑게 식히는 과정과 레몬즙을 빼고, 따뜻한 가쓰오부시육수 1컵을 넣어 주세요.

ingredient

샐러드채소 40g
양파 1/4개
오이 1/4개
우동 면 1개
간장 2큰술
다시마육수 2큰술
설탕 1큰술
레몬즙 1/2개
얼음 1컵
우메보시 1개

recipe

1. 샐러드채소는 한입 크기로 자르고, 양파와 오이는 채 썬다.
2. 끓는 물에 우동 면을 삶은 다음 차가운 물에 식히고 물기를 뺀다.
3. 냄비에 간장, 다시마육수, 설탕을 넣고 설탕이 녹을 때까지 끓인 다음 차갑게 식히고 레몬즙을 넣어 섞는다. 그릇에 모든 재료와 얼음을 넣고 우메보시를 올린다.

Part 03.

특별한 날,
맛있게
한잔

라클렛

좋아하는 채소, 빵 등 모든 재료에 녹인 치즈를 올려 먹는 라클렛. 라클렛 전용 치즈의 진한 풍미와 채소의 담백한 맛이 어우러집니다. 산뜻한 맛의 화이트 와인과 잘 어울리는 요리예요.

ingredient

방울토마토 5개
그린빈 6개
방울양배추 5개
샬롯 3개
아스파라거스 8대
베이컨 2장
올리브유 약간
소금 약간
후춧가루 약간
빵 약간
라클렛 치즈 8장

recipe

1. 방울토마토, 그린빈, 방울양배추, 샬롯, 아스파라거스, 베이컨은 반으로 자른 다음 올리브유를 두른 팬에 넣고 소금, 후춧가루를 뿌려 볶는다.
2. 빵은 깍둑 썰어 올리브유를 두른 팬에 넣고 굽는다.
3. 팬에 라클렛 치즈를 한 장씩 녹인 다음 **1**, **2**에 올린다.

스키야키

스키야키는 먹으면서 간장 소스와 육수를 번갈아 부어 간을 맞추는 요리예요. 먹는 양을 고려해 간장 소스나 육수 양을 가감해 주세요. 채소는 익힐 때 뚜껑을 덮어야 부드럽게 익습니다. 우지가 있으면 고기를 굽기 전에 팬에 한 번 바른 다음 구워야 더 맛있습니다.

ingredient

- 표고버섯 1개
- 두부 1/4모
- 곤약 1/4개
- 대파 1대
- 버섯 종류별로 1/4개
- 배추 1/4개
- 쑥갓 2대
- 설탕 1큰술
- 소고기(불고기용) 300g
- 간장 2큰술
- 청주 2큰술
- 생강즙 1큰술
- 다시마육수 2컵
- 달걀 노른자 2개

recipe

1. 표고버섯은 칼집으로 꽃 모양을 내고 두부, 곤약, 대파, 버섯, 배추, 쑥갓은 먹기 좋게 썬다.
2. 달군 팬에 두부를 넣고 앞뒤 노릇하게 굽는다.
3. 달군 냄비에 설탕을 뿌린 다음 소고기를 넣고 익히다가 간장, 청주, 생강즙을 섞어 만든 소스를 자작하게 부어 준다.
4. 소고기가 익으면 다시마육수와 **1**, **2**의 재료를 넣고 익힌다. 달걀 노른자에 찍어 먹는다.

곤약 어묵탕 우동

날씨가 쌀쌀해지면 한 번쯤 생각나는 어묵탕. 따끈한 국물만큼 따뜻하게 데운 소주와 함께 먹거나 차가운 맥주와 함께 먹어도 맛있습니다. 맑은 어묵탕을 칼칼하게 먹고 싶을 때는 청양 고추를 넣어 주세요. 마지막에 넣어 먹는 우동 면은 국물 맛이 우동에 배어들 때까지 끓입니다.

ingredient

멸치다시마육수 5컵
가쓰오부시 2컵
곤약 1/2개
대파 1/2대
우동 면 1개
간장 4큰술
와사비 1큰술
설탕 1작은술
물 2큰술
소금 약간
국간장 약간
후춧가루 약간
어묵 1봉지

recipe

1. 냄비에 멸치다시마육수를 붓고 끓이다가 육수가 끓어오르면 가쓰오부시를 넣고 5분간 더 끓인다.
2. 곤약은 깍둑 썰고, 대파는 어슷 썰고, 우동 면은 데쳐서 물기를 뺀다.
3. 간장, 와사비, 설탕, 물을 섞어 양념장을 만든다.
4. 1의 육수를 체로 거른 다음 소금, 국간장, 후춧가루로 간하고 대파, 어묵, 곤약을 넣는다. 끓기 시작하면 중불에서 5분, 약불에서 5분간 끓인다.

tip 미리 만들어 둔 가쓰오부시육수가 있다면 멸치다시마육수와 가쓰오부시 대신 가쓰오부시육수 5컵을 넣고 끓입니다.

곱창과 채소를 함께 볶으면 곱창에서 나온 기름으로 채소가 더 부드럽고 고소하게 익어요. 곁들여 먹는 새콤한 양념장은 자칫 느끼할 수 있는 곱창의 맛을 잡아 줍니다. 곱창은 조리 전 밑간을 해 잡내를 없애 주세요.

곱창볶음

ingredient

양파 1개
대파 2대
곱창 200g
청주 1큰술
다진 마늘(밑간용) 1큰술
후춧가루 약간
간장 2큰술
겨자 1/2큰술
식초 2큰술
설탕 1큰술
다진 마늘 1큰술

recipe

1. 양파는 도톰하게 채썰고, 대파는 3cm 길이로 썬다.
2. 곱창은 청주, 다진 마늘로 밑간한다.
3. 달군 팬에 곱창, 양파, 대파를 넣고 센불에서 볶다가 재료 겉면이 노릇해지면 불을 약불로 줄이고 재료가 모두 익을 때까지 볶는다. 후춧가루를 골고루 뿌린다.
4. 간장, 겨자, 식초, 설탕, 다진 마늘을 섞어 양념장을 만든다.

메밀국수 새우샐러드

새콤달콤한 소스를 곁들인 샐러드예요. 메밀국수와 새우는 삶은 다음 차가운 물에 식혀야 쫄깃하고 탱글탱글한 식감을 살릴 수 있어요. 칼로리가 낮은 만큼 다이어트를 하는 사람들에게 좋은 한 끼가 되지만 더 든든하게 먹기를 원한다면 고기, 해물, 채소 등을 더 추가해 주세요.

ingredient

메밀국수 100g
양파 1/4개
스낵오이 1/2개
새우 6개
와사비 1작은술
설탕 1큰술
간장 1큰술
식초 1큰술
물 1/2큰술
통깨 1/2큰술

recipe

1. 끓는 물에 메밀국수를 삶은 다음 차가운 물에 넣어 식히고 물기를 뺀다.
2. 양파, 스낵오이는 곱게 채 썬다.
3. 끓는 물에 새우를 데친 다음 차가운 물에 넣어 식히고 물기를 뺀다.
4. 메밀국수, 양파, 스낵오이, 새우를 그릇에 담고 와사비, 설탕, 간장, 식초, 물, 통깨를 섞어 만든 양념장을 골고루 섞는다.

연어샐러드는 생연어 대신 훈제 연어를 사용해도 좋아요. 연어를 제외한 재료를 모두 섞어 30분 정도 냉장실에서 숙성하면 맛이 골고루 배어 더 깊은 맛이 납니다.

연어샐러드

ingredient

- 양파 1/2개
- 사과 1/2개
- 오이 1/2개
- 민트 4줄기
- 연어 150g
- 레몬 2, 1/8개
- 설탕 2작은술
- 소금 1/2작은술
- 키드니빈 2큰술
- 렌틸콩 4큰술

recipe

1. 양파, 사과, 오이는 굵게 다지고 민트는 채 썬다.
2. 연어는 키친타월로 눌러 기름기를 제거하고 레몬(1/8개)을 꼭 짜서 즙을 뿌린다.
3. 레몬(2개)은 껍질을 벗겨 속살은 즙을 짜고, 껍질은 채 썰어 제스트를 만든 다음 설탕, 소금을 섞어 양념장을 만든다. 양파, 사과, 오이, 콩류와 골고루 섞는다.
4. 3에 연어를 넣고 가볍게 버무린 다음 민트를 뿌린다.

문어 감자 구이

쫄깃하고 맛 좋은 문어와 누구나 좋아하는 매력 만점의 감자. 두 식재료로 만드는 구이 요리는 팬을 사용해 쉽게 만들 수 있어요. 문어는 마트에서 삶아진 것을 사서 굽기만 해도 괜찮아요. 문어 대신 새우로 만들어도 좋습니다.

ingredient

- 문어다리 3개
- 감자 2개
- 소금 약간
- 올리브유 2큰술
- 버터 2큰술
- 후춧가루 약간
- 크러시드 레드페퍼 약간
- 올리브 12개
- 허브 약간

recipe

1. 문어다리는 끓는 물에 데친 다음 어슷 썰고 감자는 큼직하게 깍둑 썬다.
2. 소금을 넣은 끓는 물에 감자를 넣고 감자가 반 정도 익을 때까지 삶는다.
3. 달군 팬에 올리브유와 버터를 넣고 녹인 다음 감자, 문어를 넣고 중불에서 5분간 볶는다.
4. 3에 소금, 후춧가루, 크러시드 레드페퍼로 간하고 올리브와 허브를 곁들인다.

베이비백립

등갈비는 잡내와 불순물 제거를 위해 반드시 찬물에 1시간 정도 담가 핏물을 빼 주세요. 잘라진 등갈비를 사용할 때는 찬물에 담가 두는 시간은 동일하지만 오븐에 굽는 시간을 15분으로 조절해 주세요.

ingredient

등갈비 1kg
양파 1개
마늘 8개
다진 마늘 2큰술
간장 1/3컵
설탕 1/4컵
케첩 1/4컵
후춧가루 약간

recipe

1 등갈비는 찬물에 담가 1시간 정도 핏물을 뺀 다음 냄비에 양파, 마늘과 넣고 30분간 삶는다.

2 팬에 다진 마늘, 간장, 설탕, 케첩, 후춧가루를 넣고 한소끔 끓여 양념장을 만든다.

3 1의 등갈비에 2의 양념장을 골고루 바르고 30분간 재운다.

4 175도로 예열한 오븐에 3의 등갈비를 넣고 앞뒤로 돌려 가면서 20분간 굽는다.

맥앤치즈

맥앤치즈는 맥주 안주로 빠질 수 없는 요리 중 하나에요. 아래 레시피 외에도 모든 재료를 한 그릇에 담고 전자레인지에서 치즈가 녹고 약간 졸을 때까지 익혀도 좋아요. 한 번에 3분씩 재료를 섞으면서 여러 번 반복해서 돌려 주세요.

ingredient

고다 치즈 100g
체더 치즈 100g
그라나파다노 치즈 100g
소금 약간
마카로니 1컵
면수(마카로니 삶은 물) 1컵
올리브유 약간
칵테일새우 600g
크러시드 레드페퍼 1큰술

recipe

1. 치즈는 모두 그레이터로 간다.
2. 소금을 넣은 끓는 물에 마카로니를 넣고 10분간 삶은 다음 건지고, 면수를 1컵 남겨 둔다.
3. 냄비에 올리브유를 두르고 칵테일새우, 크러시드 레드페퍼를 넣어 중불에서 볶다가 반 정도 익으면 마카로니, 면수, 치즈를 넣는다.
4. 불을 약불로 줄이고 치즈가 모두 녹을 때까지 10분간 끓인 다음 불을 끄고 크러시드 레드페퍼를 한 번 더 뿌린다.

Part 04.

남은
요리,
더 맛있게

찜닭볶음밥

찜닭을 활용해 요리를 만들 때는 닭 뼈가 들어가지 않게 조심해서 살을 발라내는 것이 좋아요. 김치는 신맛이 강할수록 찜닭 양념의 단맛을 중화해 맛이 더욱 좋아집니다.

ingredient

양파 1/4개
김치 2쪽
깻잎 2장
김 1장
찜닭 약간
찜닭 양념장 1국자
기름 약간
밥 1공기
들기름 2큰술

recipe

1. 양파, 김치는 잘게 다지고, 깻잎은 채 썰고, 김은 부순다.
2. 찜닭에서 남은 닭고기는 굵게 썰고, 양념장은 1국자 뜬다.
3. 달군 팬에 기름을 두르고 양파, 김치를 넣어 볶는다.
4. 3에 닭고기, 양념장, 깻잎, 김, 밥을 넣고 골고루 섞으며 볶다가 마지막에 들기름을 뿌린다.

와사비마요 치킨덮밥

마요네즈, 와사비, 간장으로 만든 양념장의 짭짤하면서 알싸한 맛이 치킨의 느끼함을 잡아 줍니다. 달걀을 곁들이면 달걀의 부드러운 맛과도 잘 어우러져요. 와사비의 알싸한 맛을 싫어한다면 와사비 양을 절반으로 줄여 주세요.

ingredient

달걀 2개
기름 약간
와사비 2큰술
마요네즈 4큰술
간장 1큰술
치킨 4조각
실파 1대
밥 1공기

recipe

1. 달걀은 곱게 풀어 달걀물을 만든 다음 기름을 두른 팬에 붓고 젓가락으로 저어 가며 스크램블로 만든다.
2. 와사비, 마요네즈, 간장을 섞어 양념장을 만든다.
3. 치킨은 데워서 한입 크기로 썰고, 실파는 송송 썬 다음 밥 위에 모든 재료를 올린다.

탕수육 유린기

남은 탕수육으로 유린기를 만들 때 탕수육이 식어 딱딱하다면 소스에 충분히 적셔 주세요. 부드러운 경우에는 소스에 살짝만 적셔 먹어도 괜찮습니다. 새콤달콤한 소스가 탕수육의 느끼한 맛을 보완하고, 채소가 산뜻함을 더합니다.

ingredient

로메인레터스 1/4개
치커리 2장
양파 1/4개
청고추 1개
홍고추 1개
다진 마늘 1큰술
간장 2큰술
식초 4큰술
설탕 2큰술

recipe

1 로메인레터스와 치커리는 한입 크기로 썰고, 양파는 채 썰고, 청고추와 홍고추는 송송 썬다.
2 탕수육과 함께 **1**의 재료를 그릇에 보기 좋게 담는다.
3 다진 마늘, 간장, 식초, 설탕을 섞어 소스를 만든 다음 **2**에 붓는다.

냉채족발은 원래 족발, 해파리, 채소에 겨자 소스를 부어 먹는 요리지만 해파리를 넣지 않아도 집에 남은 족발, 채소 그리고 직접 만든 소스만으로도 충분히 그 맛을 낼 수 있어요. 겨자 소스는 만든 다음 남은 족발과 야채 양을 고려해 부어 주세요.

냉채족발

ingredient

오이 1/2개
당근 1/4개
양파 1/4개
상추잎 4장
청고추 1개
홍고추 1개
족발 약간
연겨자 1큰술
식초 4큰술
설탕 2큰술
소금 1/2작은술
잣가루 2큰술

recipe

1. 오이, 당근, 양파, 상추잎은 곱게 채 썰고, 청고추, 홍고추는 송송 썬다. 족발과 함께 그릇에 보기 좋게 담는다.
2. 연겨자, 식초, 설탕, 소금, 잣가루를 섞어 겨자 소스를 만들고 1에 붓는다.

낙지볶음라면

낙지볶음의 양념이 부족할 때는 고춧가루 1작은술, 설탕 1/2작은술, 간장 1큰술, 다진 마늘 1작은술을 섞어 추가로 만들어 주세요. 만든 양념은 재료를 볶을 때 함께 넣어 줍니다.

ingredient

라면사리 1개
콩나물 50g
미나리 20g
김 1장
낙지볶음 1컵

recipe

1. 라면사리는 끓는 물에 삶아서 물기를 뺀다.
2. 콩나물, 미나리를 다듬은 다음 콩나물은 끓는 물에 데치고, 미나리는 3cm 길이로 썬다. 김은 부순다.
3. 달군 팬에 낙지볶음, 라면사리, 콩나물을 넣어 볶은 다음 불을 끄고 미나리, 김을 올린다.

보쌈덮밥

차갑게 식은 보쌈은 다시 데우거나 삶으면 고기가 질겨지거나 비린 맛이 되살아납니다. 남은 보쌈을 맛있게 먹을 수 있는 레시피를 소개할게요. 간장 양념의 달콤하고 짠맛이 고기에 배어들면서 밥과 잘 어우러지는 덮밥입니다.

ingredient

양파 1/4개
마늘 4개
기름 약간
간장 1큰술
설탕 1큰술
보쌈 10장
밥 1공기
실파 1/2대
통깨 약간

recipe

1 양파는 얇게 채 썰고, 마늘은 편 썬다.
2 달군 팬에 기름을 두르고 마늘을 넣어 센불에서 볶다가 향이 나면 간장, 설탕을 넣고 끓인다.
3 끓기 시작하면 보쌈을 넣고 조리듯이 끓인 다음 밥 위에 올린다. 1의 양파를 올리고 송송 썬 실파와 통깨를 뿌린다.

쌈밥 샐러드 우동

쌈밥샐러드우동은 쌈채소 대신 남은 샐러드채소를 활용해도 좋아요. 가쓰오부시를 추가로 넣으면 감칠맛이 더욱 살아납니다. 신맛은 취향에 따라 가감해 주세요.

ingredient

방울토마토 6개
쌈채소 40g
레몬 1개
우동 면 1개
간장 3큰술
설탕 1, 1/2큰술
다진 마늘 1큰술

recipe

1. 방울토마토는 반으로 자르고 쌈채소는 채 썬다.
2. 레몬은 껍질을 벗겨 속살은 즙을 짜고, 껍질은 채 썰어 제스트를 만든다.
3. 끓는 물에 우동 면을 삶아서 차가운 물에 식힌 다음 물기를 빼고 **1**과 함께 그릇에 담는다.
4. 레몬즙, 레몬제스트, 간장, 설탕, 다진 마늘을 섞어 양념장을 만든 다음 **2**에 뿌린다.

피자라자냐

남은 피자는 냉장이나 냉동 보관했다가 다시 데워 먹을 수 있지만, 간혹 미처 넣어 두지 못해 실온에서 딱딱하게 굳어 버릴 때가 있죠. 그럴 때 피자 치즈와 토마토 소스만 있다면 촉촉하고 쫄깃한 피자를 다시 맛볼 수 있습니다.

ingredient

피자 2조각
피자치즈 1컵
토마토 소스 1컵

recipe

1 피자는 한입 크기로 자른다.
2 피자, 피자치즈, 토마토 소스를 그릇에 차례대로 담은 다음 185도로 예열한 오븐에서 피자치즈가 녹을 때까지 10분간 굽는다.

날마다 집밥

초판 1쇄 발행　2019년 11월 29일
초판 2쇄 발행　2020년 4월 24일

지은이　　　문인영
발행인　　　윤호권

본부장　　　김경섭
책임편집　　정상미
기획편집　　정은미·정인경·송현경·김하영
디자인　　　정정은·김덕오·양혜민
마케팅　　　윤주환·어윤지·이강희
제작　　　　정웅래·김영훈

발행처　　　미호
출판등록　　2011년 1월 27일(제321-2011-000023호)
주소　　　　서울특별시 서초구 사임당로 82 (우편번호 06641)
전화　　　　편집 (02) 3487-1151, 영업 (02) 3471-8044
ISBN　　　　978-89-527-4466-1 13590

이 책의 내용을 무단 복제하는 것은 저작권법에 의해 금지되어 있습니다.
파본이나 잘못된 책은 구입하신 곳에서 교환해드립니다.

아름답고 기분 좋은 책을 만드는 미호는 ㈜시공사의 임프린트입니다.